장로님 드릴
집사님 말씀이 있습니다
권사님

장로님 드릴
집사님 말씀이 있습니다
권사님

히늘기획

장로님 집사님 권사님
드릴 말씀이 있습니다
• • • • • • • • •

2판 1쇄 1999년 10월 14일

지은이 · 신영균

펴낸곳 · 하늘기획

발행인 · 이재승

등록번호 · 제22-469호 (1998)

서울시 송파구 잠실동 339-3 원호빌딩

총판 · 하늘유통

ISBN 89-88626-22-2

★ 잘못된 책은 바꿔 드립니다

추천사

　　남을 위해서 글을 쓴다는 것은 결코 쉬운 일이 아니다. 특히 교회에서 열심히 봉사하는 제직들을 위하여 글을 쓰는 일은 매우 어려운 일이다. 그러나 연신원 제자 중 한 사람인 신영균 목사는 이 일을 거뜬히 해냈다. "장로님 집사님 권사님 드릴 말씀이 있습니다." 이것이 책 제목이라니 좀 이상하게 느껴지기도 하지만 매우 친근감이 있는 제목이다. 그 제목만큼 책의 내용도 아주 인간미가 넘쳐 흐르고 있다. 무슨 학설이나 설교도 아니고, 그렇다고 교회법이나 규칙도 아니고 더구나 평신도를 닦달하는 교훈도 아니고 단지 목회자로서 평신도 지도자인 장로, 집사, 권사에게 심금을 털어 놓듯이 자연스럽게 할 말을 다하는 형식으로 쓰여진 글이어서 읽는 이의 마음을 사로 잡는다.

　　목회 현장 속에서 일어나는 여러가지 사례를 조목조목 거론하면서 그 때마다 재치있고 은혜가 넘치는 권면과 위로의 말씀으로 이끌어 가는 이야기체의 서술 형식과 풍부한 목회 경험 그리고 인생 체험에서 우러나오는 한 마디 한 마디가 읽는 이의 동감을 이끌어낸다. 목사님들이 말하기 어려운 말을 서슴

없이 제직에게 해주는 글을 읽으면서 신 목사의 목회 현장에 함께 있는 것 같은 착각을 일으키게 된다. 까다로운 신앙 문제나 교리 문제가 아니라 실생활과 관련된 일들을 주의깊게 관찰하고, 거기서 생기는 문제에 대하여 적절한 성경 말씀을 근거로 해서 목회적 지도를 시도하는 것은 매우 귀중한 일이다. 이 책만 읽어도 평신도가 신앙 생활을 배울 뿐 아니라 목회자도 어떻게 교회 치리를 해야할지를 터득하게 될 것이다.

이 책은 무엇보다도 곤궁 속에서 다시 시작하는 한국 교회의 제직들과 목회자들에게 좋은 안내서가 될 것으로 확신되어 기꺼이 추천하는 바이다.

1998년 5월 10일
연세대학교 신과대학장 겸
연합신학대학원장 김광식

추천사

신영균 목사.「그는 진실의 사람이다. 그리고 저술은 물론이요 시작(詩作)을 비롯하여 작사, 작곡, 그림, 서예, 웅변 등 다방면에 소질이 있는 재능의 사람이다. 그러면서도 자기를 나타내지 않는 온유와 겸손의 사람이다. 또한 남다른 역경을 겪은 고난의 종이기도 하다. 그는 가르치는 교수, 설교하는 목사, 영적 각성을 일깨우는 부흥사의 다양한 기질을 가진 자이다. 그는 특별히 남다른 제직 훈련의 은사를 받은 자이다. 나는 늘 그가 언젠가는 빛을 발하리라는 기대를 가지고 있다.」

이것은 신 목사의 30년지기 친구요 신앙의 동지인 제가 가까이서 지켜본 신 목사의 평가이다.

그런 그가 이제 드디어 기지개를 켜고 일어선 것 같은 느낌이다. 나는 강사 선정에 제법 까다로운 사람이라고 생각함에도 불구하고 나의 강난에 신 목사를 두 번이나 제직 부흥 강사로 세웠다. 세울 때마다 놀라는 것은, 그는 담임 목사가 꼭 하고픈 말들이 있지만 차마 하지 못하는 속마음을 부탁도 하지 않았지만 속 시원히 그리고 후련하게 대신해 준다. 그런데 신기한 것은 평신도들이 거부 반응없이 은혜를 받는다는 사실이

다. 언중유골(言中有骨)이라는 말이 있듯이 신 목사의 가르침에는 평범한 말 속에 깊이가 있고 영감이 넘친다. 목사가 목사의 설교에 은혜 받는다는 것이 쉽지 않는데, 나에게 있어서는 신 목사의 설교만은 예외이다. 평범한 설교 같은데도 깊이가 있고 속내를 들추어내는 위력이 있다. 그런 신 목사가 이제까지 전국을 무대로하여 전하던 제직 수련회 때의 메시지를 이야기체의 글로 한데 묶어 책으로 출판하게 되니 너무나 기쁘다. 평이한 글의 내용이 오히려 듣는 설교 보다 더 영감 있어 보인다.

꼭 일독을 권한다. 목회자는 학문을 통해 얻지 못한 실천목회의 노하우(Know How)를 얻을 것이요 평신도인 제직 여러분은 자신의 봉사 활동을 점검해 보는 거울이 되고, 봉사의 좋은 길잡이가 되리라 확신한다.

1998년 5월 일

말투스 세계연합선교회 이사장
총회부흥전도단 직전회장
서울 안디옥교회 당회장 김수읍

꽤나 긴 서문

어떤 집사님의 해괴한 꿈

어떤 집사님이 운 좋게(?) 어느 날 밤, 꿈 속에서 천국에 갔었답니다. 눈부실 정도로 으리으리하고 어마어마한 천국문 안으로 들어가니 마중나온 천사가 "오시느라 고생했으니 식사부터 하고 천국 구경하자." 하더랍니다.

천사의 안내에 따라 큰 호기심과 기대 속에 천국 식당에 들어갔는데, 식당 종업원이 밥상을 차려 오기에 보자기를 들쳐보았더니 맙소사! 짬뽕 한 그릇이지 뭡니까? 실망하고 서운하여 천사께 "집사를 이렇게 대접할 수 있느냐"고 항의성 질문을 했더니 천사가 말하기를 "당신은 이제까지 주를 위해 한 일이 없어서 큰 대접을 받을 수 없다."고 하더랍니다. 반성해 보니 사실인지라 더 이상 할 말이 없었답니다. 그래서 수고 많이 하시는 장로님들은 어떤 대접을 받을까(?) 궁금하여 또 물어 보았더니 천사 왈 "방금 밥상을 들고 온 종업원이 장로"라는 것입니다. 이유인즉 주의 교회에서 수고는 많이 했으나 청지기됨을 망각하고 주인 노릇만 했기에 지금 종 연습 중이라는 것입니다. "그렇다면 목사님은요?" 물었더니 천사 왈 "방금 배달 가셨다", "? ? ? …"

설명인즉 목사는 주를 위해 수고는 많이 했으나 날마다 대접만 받았으니 남 섬기는 훈련 중이라는 것입니다.

이 이야기는 물론 사실이 아닌 지어낸 이야기입니다. 그렇지만 이 이야기는 현실 교회 아니 주의 종이라고 자부하는 목사, 장로 그리고 집사, 권사 모두에게 자신들을 한 번쯤은 되돌아보게 하는 메시지 담긴 풍자(諷刺)라 생각합니다. 행한대로 갚아주시는 주님께서(계 22:12) 어찌 일생 동안 당신을 위해 충성 봉사한 종들을 짬봉 한 그릇의 대접이나 또는 짬봉 배달부나 시키시겠습니까? 후한 상으로 예비해 놓았을 줄 믿습니다. 그러나 만에 하나를 위해 경고도 하십니다.

"악하고 게으른 종아 나는 심지 않는 데서 거두고 헤치지 않는 데서 모으는 줄로 네가 알았느냐 그러면 네가 마땅히 내 돈을 취리하는 자들에게나 두었다가 나로 돌아와서 내 본전과 변리를 받게 할 것이니라 하고 그에게서 그 한 달란트를 빼앗아 열 달란트 가진 자에게 주어라 무릇 있는 자는 받아 풍족하게 되고 없는 자는 그 있는 것까지 빼앗기리라. 이 무익한 종을 바깥 어두운 데로 내어쫓으라 거기서 슬피 울며 이를 갊이 있으리라" 하니라 (마 25:26—30)

이 책을 쓰는 목적이 여기에 있습니다. 혹시나 한 사람이라도 주님께로부터 호된 질책과 쫓겨나는 수모를 당하는 제직이 되지 말자는 것입니다.

부끄러운 고백

이 책은 필자가 15~16년 동안 전국 각지에서 사명감을 가지고 전하던 제직 수련회의 교안을 추려 산문 형식을 빌려 재편집한 내용들입니다. 목회 경륜도 어리고 학문에 졸한 사람이 감히 제직에 관한 책을 낸다는 것이 전공하신 분들의 영역을 침해하는 것 같아 송구스럽기도 하고, 신학적으로 오류나 범하지 않을까 하는 염려 또한 없지 않습니다. 그럼에도 불구하고 필을 든 것은 짧은 목회 연륜이지만 이 분야에 대해서 머리로 얻은 지식 못지않게 목회 현장에서 20여 년 간 얻은 경험이 있기 때문이고, 부족했던 만큼 남달리 많이 겪은 수난 속에서 주님께로부터 받은 진주같은 은사가 있음을 확신하기 때문입니다.

부끄러운 고백입니다만 필자는 목회 초년 30여 개월 동안 목회지를 네 번이나 옮겨다닌, 그것도 필자가 좋아서가 아닌 전적으로 타의에 의한 배척으로 옮겨다닌 쓰라린 경험이 있습니다. 한 번은 집사님과 권사님들에게서, 한 번은 장로님에게서 그리고 또 한 번은 선배되신 목사님에게서 ….

청운의 야망을 품고 친구의 소개로 수도 서울을 찾았건만 제게 낙친 것은 환상과 꿈의 나래를 펼 수 있는 가나안이 아니라 고난과 배척 그리고 눈물이 기다리는 모진 광야였습니다. 처와 어린 자식을 이끌고 이 교회에서 저 교회로, 저 교회에서 또 다른 이 교회로, 보따리를 풀기도 바쁘게 또 싸야하는, 그때의 일을 회상하면 지금도 회한(悔恨)의 눈물이 납니다.

아마 이런 일은 한국 교회 역사 아니 세계 기독교 역사에서도 찾아볼 수 없는 참으로 희귀한 일일 것입니다. 정말 부끄러운 일이지요.

못난 나 때문임을 깨달은 것은 한참이나 지난 다음이었고, 배척에 배척을 거듭 당하면서 당시의 나의 심령은 강퍅해질대로 강퍅하여져 죄없는 하늘을 향하여 분노하면서 주님 원망하기를 3개월 …. "속 상한다"는 말대로 상할 대로 상한 속은 위염을 지나 위궤양에 이르게 되고 그리고 몸은 야위어서 60kg, 50kg으로 줄어드니 내가 나를 보아도 분간하기 어려울 정도의 초라한 모습이었습니다.

모든 것이 나 때문이야

그럼에도 불구하고 자비하신 주님은 이런 못된 종에게 천벌을 내리지 않으시고 "기름부음을 받으라"는 비몽사몽(非夢似夢) 간의 계시가 있은 후 어느 날 갑자기 '모든 것이 나 때문'이라는 깨우침과 함께 눈물 흘리기를 3개 여월 …. 기도를 해도 눈물이요 성경을 보아도 눈물이요 찬송을 불러도 눈물이요 왠 눈물이 그렇게도 하염없이 쏟아지는지 정말 흘린 눈물을 주워담는다면 다윗의 고백처럼 눈물 병에 몇 병은 되련만 ….

이런 와중에 필자는 스스로의 모든 계획과 야망을 분토같이 버리고 기도 중 무주 구천동이라도 가겠다는 서원에 그래도 무주 구천동보다는 나은(?) 서울 근교 어느 시골 교회로 가게 되었는데, 그 때 그 교회에서 어느 날 밤새워 가면서 영감으로 얻은 말씀들이 현재 필자가 전하고 있는 제직 세미나의 강의 내용들입니다. 그간의 세미나 결과가 세미나를 열었던 교회 담임 교역자들의 공통된 고백인즉 "2~3일의 강의가 일주일 간의 부흥회 못지않게 성과가 좋았다."는 과찬을 받았고, 필자 역시 제직 훈련이란 교회 부흥에 있어서 그 무엇보다도 중요하다고 믿고 있습니다.

훈련되지 못한 병사의 위험

군복만 입었다고 다 병사가 될 수 없습니다. 훈련되지 못한 병사는 오합지졸(烏合之卒)에 불과한 것입니다. 그래서 하나님도 기드온이 모집한 3만 2천의 병사를 돌려 보내시고 3백 명의 정예화(精銳化)된 병사를 원했던 것입니다(삿 7장). 목회자라면 누구나 경험하는 바이지만 교회를 부흥시키며 목회자에게 협력하는 자도 제직들이요. 반대로 목회를 방해하는 교회 부흥의 장애적 요소도 제직들입니다.

그러면 어떤 제직이 유익한 제직이고, 어떤 제직이 방해를 하는 제직이겠습니까?

그것은 특별한 경우가 아닌 이상은 교육이 관건일 것입니다. 즉 바른 교육과 훈련된 제직이라면 유익한 제직이 될 것이고, 교육과 훈련이 없는 제직이라면 아마도 십중팔구는 거치는 돌이 될 것입니다. 단언하건대 성공적 목회, 부흥하는 교회의 비밀은 제직을 잘 훈련시켜 목회자의 협력자(partner)로 만드느냐 아니면 다듬어지지 않는 야성(野性)으로 비판 또는 대적자가 되도록 방치해 두느냐에 있다고 할 것입니다.

제직이라 하면 모두가 하나님의 종들로 부름받은 분들인데, 모두가 기본 양심이 있고 남다른 경륜을 쌓은 분들이며 하나님께 헌신을 다짐한 분들이거늘 고의적으로 목회자를 괴롭히거나 교회의 거치는 돌이 되려는 분은 아무도 없을 것입니다. 단지 이유는 하나, 직분은 주어졌으나 직분을 수행할 교육과 훈련이 없었던 것입니다. 훈련없는 제직의 충성은 열심을 내면 낼 수록 낸만큼의 역기능(逆機能)을 가져올 소지도 큰 것입니다. 이는 고삐없는 망아지에게 짐을 실은 격과 같다고 하겠습니다.

동역자들이여, 진정 목회에 성공하길 원하시거든 모든 제직들을 목회의 파트너(partner)로 만드십시오. 그리고 그 비결은 성서에 입각한 철저한 훈련입니다.

영광스런 주의 일꾼들이여!

또한 이 책을 읽으시는 제직되신 평신도 여러분께 고합니다. 삯은 고사하고 명예도 이익도 없는, 내 것을 바쳐가면서 봉사하는 기이한(?) 직분이긴 하지만 이렇게라도 해야함이 주님의 엄청난 은혜에 보답하는 길이요 주 앞에 설 때에 칭찬과 더불어 상급받는 유일한 길일진대 받은 직분 감사하며 마음과 뜻과 정성 다하여 충성해야 합니다.

그러나 안타까운 것은 많은 제직들이 지성을 다하여 봉사하고도 교회와 자신의 유익보다는 반대로 시험과 갈등에 빠져 괴로워하고 있다는 것입니다. 심지어 직분맡은 것을 후회하기까지 하면서 말입니다. 그 원인이 본인 자신이 게으르고 나태해서 그렇다면 당연한 귀결이요 유구무언(有口無言)이겠지만 문제는 남 못지않게 열심을 내고서도 그러하니 말입니다.

원인이 무엇이겠습니까? 열심이 죄였겠습니까? 결코 그럴 수 없습니다. 성경의 가르침인즉 "열심을 품고 주를 섬기라"(롬 12:11)하셨습니다.

그러면 무엇입니까?

원인은 오직 하나, 교육과 훈련이 없었기 때문입니다. 아마 이 책을 읽으시는 분들은 여러분이 현재 겪고 있는 갈등의 요인이 무엇인지를 발견하게 되실 것입니다. 그리고 어쩌면 그 요인들을 제거하는 지혜도 얻을 수 있을 것이라 믿습니다.

독자들은 이 책을 읽으시는 중 모든 내용에 거의 공감하시리라 봅니다만 혹 더러는 저자와 견해를 달리 하실 분들도 있을지 모릅니다. 있다면 두 사람 중 한 사람에게는 잘못이 있겠지요. 그러나 필자는 이 책을 쓰면서 신학적으로는 물론이요 성서적으로도 오류가 없도록 많은 노력을 기울였습니다.

그러므로 견해를 달리하는 내용이 있거든 주관적 판단을 내리시기 전에 판단의 기준이 되는 성경에 근거하여 판단하여 주시고, 잘못이 있으면 충고해 주십시오.

바라기는 끝까지 읽으셔서 교회 봉사와 직분 충성에 많은 유익이 되시길 빕니다.

아울러 이 책이 출간되기까지 섭리해 주신 하나님께 먼저 감사하옵고, 교정과 많은 수고를 해주신 본 교회 동역자 여러분과 딸 경민이 그리고 많은 기도로 뒷바라지를 한 아내와 나의 사랑하는 교우 여러분들께도 감사를 드립니다. 그리고 출판을 맡아 수고해 주신 하늘기획 대표 이재숭 전도사님과 직원 여러분 특히 바쁘신 중에도 기쁜 마음으로 추천서를 써주신 존경하는 은사 김광식 박사님과 친구 김수읍 박사에게 감사의 말씀을 드립니다.

감사합니다.

1998년 5월 7일
저자 신영균 씀

목차

추천사
  김광식 / 5
  김수읍 / 7

꽤나 긴 서문
  • 어떤 집사님의 해괴한 꿈 / 9
  • 부끄러운 고백 / 11
  • 모든 것이 나 때문이야 / 12
  • 훈련받지 못한 병사의 위험 / 13
  • 영광스러운 주의 일꾼들이여 / 14

Ⅰ. 교회의 머리되신 예수님
  • 사람의 몸과 교회의 유사성 / 23
  • 머리는 오직 하나 / 24
  • 이 성전을 헐라 / 26
  • 일곱 머리와 열 뿔의 비극 / 30
  • 손귀, 영광 모든 권세 주님 홀로 받으시고 / 33
  • 잠잘 때도 머리는 높여 주어야 / 35
  • 너무나 완벽한 주의 통치 / 36

II. 주의 몸으로서의 교회

- 너는 내 것이라 / 43
- 아내여, 돕는 배필이여 / 45
- 자기들의 소유로 섬기더라 / 46
- 주님도 무리한 요구(?) / 49
- 늘 울어도 눈물로써 못갚을 큰 은혜 / 51
- 진리로 거룩하게 하옵소서 / 52
- 작은 천국, 평화의 동산 / 54
- 여기가 교회인줄 아세요? / 56
- 너가 우하면 나는 좌하고 / 57
- 생산의 기쁨 / 59
- 타오르는 지옥불 / 60
- 스타가 되는 길 / 61

III. 교회 지체로서의 제직

- 교회의 지체들 / 67
- 몸은 하나이나 지체는 많고 / 69
- 지체들의 특징 / 71
- 이와 마찬가지로 / 73
- 우열 아닌 기능의 차이 / 74
- 면류관이 없어서 살아난 노루 / 77
- 남 살리는 것이 내 사는 길 / 78
- 위 씨의 배짱 / 80
- 목사와 교인의 차이 / 81
- 기쁨은 배로, 슬픔은 반으로 / 82
- 지체들의 고유한 기능들 / 84
- 형제 연합은 기적을 가져오고 / 85

Ⅳ. 섬김의 도

- 입은 생각의 대변자 / 95
- 몸의 중보자는? / 98
- 살피는 눈 / 99
- 기둥의 조건 / 100
- 젖은 엄마에게, 모방은 형아에게 / 101
- 최후까지 남아있는 옛신전의 기둥들 / 103
- 기둥의 위치 / 104
- 장로하기 이렇게 쉬운걸 … / 104
- 손의 귀중성 / 106
- 낙타의 무릎처럼 / 107
- 「대신」하는 목사의 직분 / 109
- 「협력」하는 장로의 직분 / 110
- 「순종」하는 집사의 직분 / 112
- 「도우며」 일하는 권사의 직분 / 113
- 머리는 차게, 몸은 뜨겁게 / 117
- 조심할 일, 몇 가지 / 119

Ⅴ. 이렇게 봉사합시다

- 제직의 긍지를 갖고 / 125
- 자원하는 마음으로 / 126
- 성실한 마음으로 / 127
- 순종하는 마음으로 / 129
- 감사하는 마음으로 / 130
- 겸손한 마음으로 / 132
- 두려운 마음으로 / 134
- 보답하는 마음으로 / 135
- 청지기의 자세로 / 137
- 믿음의 자세로 / 139

Ⅵ. 모범 제직이 되는 길

- 주님을 사랑하는 제직 / 143
- 교회를 사랑하는 제직 / 144
- 교인을 사랑하는 제직 / 145
- 주의 종을 이해하고 협력하는 제직 / 147
- 깨어서 기도하는 제직 / 150
- 열심히 전도하는 제직 / 151
- 말씀을 읽고 실천하는 제직 / 153
- 예배를 귀히 여기는 제직 / 154
- 주일을 철저히 지키는 제직 / 156
- 십일조를 성실히 드리는 제직 / 160
- 헌금에 인색하지 않는 제직 / 163
- 자기를 버릴줄 아는 제직 / 165
- 핑계하지 않는 제직 / 167
- 법을 지키는 제직 / 169
- 덕이 있는 제직 / 171
- 대가를 바라지 않는 제직 / 173
- 책망을 달게 받는 제직 / 175
- 성령이 충만한 제직 / 177

Ⅶ. 모범 제직의 모델

- 목사 - 예수님처럼, 모세처럼 / 181
- 장로 - 아론처럼, 훌처럼 / 190
- 집사 - 여호수아처럼, 갈렙처럼 / 192
- 권사 - 여선지 안나처럼 / 194

1
교회의 머리되신 예수님

사람의 몸과 교회의 유사성

성경에서 교회론을 가장 깊이 있게 다룬 분은 아무래도 사도 바울일 것입니다. 사도 바울은 특히 주님과 교회 그리고 교회를 섬기는 제직과의 관계를 아주 쉬우면서도 재미있게 설명했습니다.

즉 이들 삼자의 관계를 우리 인간의 인체에 비유하여 예수님은 머리로, 교회는 몸으로(엡 1:22-23 ; 4:15, 5:23 ; 골 1:18) 그리고 제직은 몸에 붙은 지체로(고전 12:12-30) 비유하여 설명하였습니다. 이는 단순히 설명만을 하기 위한 비유가 아니라 각기의 기능(機能)이 유사하기 때문인 줄 압니다. 이 관계는 적어도 두 가지의 큰 의미가 있습니다. 첫째는 상호 간에 분리할 수 없는 유기체(有機體)의 관계임을 뜻하는 것이요 다른 하나는 그러면서도 서로 간에 고유한 기능상의 차이가 있음을 뜻하는 것입니다. 머리와 몸통 그리고 지체는 그 기능상 설명을 위해 구분하여 이름을 붙였지만 서로 간에 떼어서는 존재할 수 없는 불가분의 관계입니다. 연합하여 한 인격체를 이루었기 때문입니다. 그렇지만 머리를 몸이라 부를 수 없고, 몸을 지체라 부를 수는 없습니다. 그 이유는 생긴 모습이 다르기 때문이기도 하지만 각기 활동하는 기능이 다르기 때문입니다. 즉 머리는 머리로서 해야 할 고유한 기능이 있는 것이요 몸은 몸으로서, 지체는 지체로서의 고유한 활동 영역이 있기 때문입니다. 아무리 머리가 명석해도 머리가 몸의 기능을 대신할 수 없고, 활동이 민첩한 지체라 할지라도 그 지체가 머리의 기능을 대신할 수는 없는 것입니다.

이와 마찬가지로 예수님과 교회 그리고 제직의 관계도 그러합니다. 주님과 교회 그리고 제직은 엄격히는 뗄 수 없는 하나입니다(요 17:21-23). 주님없는 교회가 있을 수 없는 것이요 제직 또한 교회 없이 존재 자체가 불가능한 것입니다. 그러면서도 또한 동격으로 부를 수 없는 것은 서로 간에 각자의 고유한 기능이 따로 있기 때문입니다. 즉 주님은 주님으로서의 하실 일이 있고, 교회는 교회로서의 해야 할 고유한 기능이 있으며또한 제직은 제직으로서 할 일이 따로 있습니다. 몸은 모든 기관이 연합하여 하나를 이루는데, 각 기관이 고유한 기능을 잘 감당해야 몸의 정상 컨디션(condition)을 유지하고 활동·성장합니다. 이처럼 교회도 이 원리를 잘 적용할 때 부흥, 성장할 수 있는 것입니다.

성경을 볼 때 진리가 보이고, 자연을 관찰할 때 하나님의 능력과 신성이 보이듯이(롬 1:20) 우리는 우리 자신을 통해서 교회의 신비성을 발견할 수 있습니다.
사도 바울의 이 예리한 통찰력이 우리의 것이 되길 .빕니다.

머리는 오직 하나

그렇다면 교회의 머리는 왜 예수님입니까? 성경에는 곳곳에서 예수님이 교회의 머리되심을 가르치고 있습니다.

"또 만물을 그 발 아래 복종하게 하시고 그를 만물 위에 교회의 머리로 주셨

느니라" (엡 1:22)

"오직 사랑 안에서 참된 것을 하여 범사에 그에게까지 자랄지라 그는 곧 머리니 그리스도라" (엡 4:15)

"이는 남편이 아내의 머리됨이 그리스도께서 교회의 머리됨과 같음이니 그가 친히 몸의 구주시니라" (엡 5:23)

머리란 말에는 여러가지 의미가 있지만 그 첫째 의미는 주인이라는 뜻입니다. 이 세상 모든 만물에는 다 주인이 있습니다. 집이면 집, 산이면 산, 보잘 것 없는 모래 하나에도 주인이 있습니다. 주인없는 물건은 아무 것도 없습니다. 그리고 그 주인됨에는 두 가지 이유가 있습니다. 하나는 내가 만들었기 때문이요 다른 하나는 타인이 만들었을지라도 정당한 대가를 지불했기 때문입니다. 남의 것이라도 돈을 주고 사면 내 것이 되는 것입니다. 주님이 교회의 주인되심도 이 두 가지 이유 때문입니다. 첫째는 교회를 주님이 세우셨기 때문이요(마 16:18) 둘째는 당신께서 돈보다 더 값진 피로 사셨기 때문입니다(행 20:28 ; 고전 6:19하-20).

그러므로 교회의 주인이 주님이시라는 것은 의심의 여지가 없을 뿐더러 그 분의 신자된 우리는 교회에 대한 그분의 주권을 인정해야 합니다. 때로는 이를 모르는 몰지각한 사람들에 의해 교회가 주권시비로 인하여 분쟁에 휘말리고 덕스럽지 못한 일들이 일어날 때가 있는데, 이는 아주 위험천만한 일입니다.

예컨대 목사는 '내가 행정상 수반(당회장)이니 내가 주인이다.' 장로는 '우리가 교인 대표로 뽑혔으니(이사 격이니) 우리가 주인이다.' 교인들은 '교회란 교인들의 집단을 의미하는 것이라 했으니 우리가 주인이다.' 라고 말입니다. 때로는 고린도교회처럼(고전 3:4) 목사파로, 장로파로 또는 망국병이라 일컬어지는 지역 파벌까지 조성하면서 말입니다. 개교회 뿐만 아니라 노회도, 총회도 예외가 아니니 어처구니없는 일들이지요. 이는 다 알고 보면 서로가 머리 되려는 주권 싸움이니 교회의 주인되시는 주님이 보실 때, 참으로 개탄스러워하실 일이 아닐 수 없습니다.

성경 그 어디를 보아도 예수님은 당신 외에 그 누구도 교회의 머리로 인정하신 일이 없습니다. 우리는 모두가 주의 몸된 교회의 지체로서 받들 사명만 있는 것이지 지배할 권리는 전혀 없는 것입니다.

머리가 아닌 다른 어느 한 지체가 몸을 지배하는 한은 불원내에 그 몸은 허물어지고 말 것입니다. 왜냐하면 머리 되신 주님이 교회에 대한 고유한 주권을 포기하거나 양도하시지도 않을 뿐더러 오히려 이런 교회는 주님이 촛대를 옮겨버리시거나 제해버리시기 때문입니다(계 2:5 ; 요 15:6).

이 성전을 헐라

교회를 순방하다 보면 때로는 감동어린 이야기도 많이 듣습니다. 어떤 장로님은 사재를 다 바쳐 성전을 건축했는가 하면, 어떤 집사님은 장기를 팔아서 성전 건축으로 인한 빚을 청산한 이도 있습니다. 정말 주님을 사랑하지 않고는 할 수 없는 헌신들입니다. 사재를 바쳐서 성전을 건축하고 몸을 바쳐 봉사함이 얼마나 충성된 일입니까? 주께로부터 큰 칭찬과 상이 있을줄 믿습니다. 그러나 조심할 일은 남다른 봉사할 힘을 주신 주님께 감사할 뿐이어야지 지분 주장하듯 주권 행세를 해서는 절대 아니됩니다. 교회란 건물이 아닙니다. 건물도 중요하긴 하지만 건물은 교인들이 모여 예배드리는 처소입니다.

주님은 사실 건물에는 관심이 없으신 분입니다. 주님 자신이 목수 출신이었지만 일평생 예배당 하나 지으신 일도 없거니와 당신이 못지으셨다고 제자들에게 부탁하신 일도 없습니다. 오히려 주님은 46년 동안 지은 예루살렘 성전을 허물라고 하셨고(요 2:19), "돌 하나도 돌 위에 남지 않고 다 무너뜨리우리라"(마 24:2)고 저주하셨습니다. 황금빛 찬란하게 빛나던 예루살렘 성전은 주님의 말씀대로 완공 7년째인 주후 70년에 로마군에 의해 완전히 허물어지고, 군병들이 불에 녹아 돌담 사이로 흘러 들어간 금을 수거하기 위하여 벽돌 한 장 한 장을 다 깨뜨려 내었으니 주님의 예언이 문자적으로 성취된 것입니다.

82년 동안 엄청난 투자로 건축한 건물도 주님은 허물어 버리셨거늘 우리의 공적이랴 어찌 자랑하며 으시댈 수 있겠습니까? 죄송하게도 우리는 건물을 지어놓고 성전 성전하지만 사실은 하나님의 성전이 아니라 우리 인간이 거하는 예배 처소일 뿐입니다. 신약 시대의 성전은 건물이 아니라 주님이 피흘려 값주고 사신 성도 자신들이기 때문입니다(고전 3:16, 6:19-20). 예배드릴 처소를 지어 하나님께 헌납함도 믿음이 없이는 결코 할 수 없는, 작은 일은 아니지만 주님의 관심은 건물이 아니라 당신께서 구속하신 백성들임을 아셔야 합니다.
 그러므로 우리는 엄청난 성전을 짓고도 겸손해 하던 솔로몬과 그의 겸손한 기도를 기억해야 합니다.

"하나님이 참으로 땅에 거하시리이까 하늘과 하늘들의 하늘이라도 주를 용납지 못하겠거늘 하물며 내가 건축한 이 전이오리이까" (왕상 8:27)

 이 말씀은 지상의 건물은 모두가 필요없다거나 죄가 된다는 뜻은 아닙니다. 교인을 수용할 최소한의 건물은 필수적이요 이에 헌신했다면 분명 칭찬과 상받을 일이지요. 그러나 필자가 주장하는 것은 건물이 교회가 아닌 한 그리고 어떤 역량을 발휘했건 주님께 헌납한 이상은 이제는 모두가 주님의 것이요 주님이 주인이니 사람이 주인처럼 행세해서는 아니된다는 말입니다. 차제에 한 말씀 더 드리고 싶은 것은 건물이 교회가 아닌 이상 언젠가는 허물어질 예배당 건축에 너무 투자하지 맙시다. 주님의 분부요 소원인즉 땅 끝까지 세상 만민 구원하시는 것이니(마 28:18-20 ; 막 16:15 ; 행 1:8) 선교에 보다 더 많이 투자합시다. 이것이 영원히 허물어지지 않는 성전을 짓는 일이요 참된 의미에서의 성전확장 공사입니다.
 아직도 할 일이 얼마나 많습니까? 기독교인 1천 만이라고 자랑하지만 주를 모르는 불신자는 절대 다수인 3천 만이 넘고 또한 언젠가는 남북통일이 될텐데, 북한 동포 2천 만의 구령사업에는 전도 비용만 해도 엄청나려니와 모여 예배드릴 수 있도록 예배당도 지어야 하고, 전도와 교인을 관리할 목회자도 파송해야 하고 …. 그뿐입니까? 주를 모르는 세계 각국에 우리가 가서 전도해야 할 땅 끝은 아직도 많습니다. 이런 현실을 감안하면 한국 교회는 대재벌들의 문어발식 기업 확장과 같은 대교회주의나 성전의 대형화 발상은 이 모두가 허물어야 할 이 시대의 바벨탑이요 제 4의 예루살렘 성전들이 아닌가 생각합니다(참고 - 예루살렘의 제 1의 성전 : 솔로몬 성전, 제 2의 성전 : 스룹바벨 성전, 제 3의 성전 : 헤롯 성전).

"어찌하여 열방이 분노하며 민족들이 허사를 경영하는고 … 하늘에 계신 자가 웃으심이여 주께서 저희를 비웃으시리로다"(시 3:1, 4)

위의 말씀은 우리나라의 대교회주의나 대형화된 성전을 두고 하신 말씀은 아닙니다. 그러나 오늘날 한국 교회가 교회 본연의 사명을 망각하고 탐욕의 영웅주의에 빠져 개교회주의, 대교회주의, 성전의 대형화주의가 된 것이 자칫 주님께 비웃음을 당하는 허사의 경영은 아닌지 냉철히 반성해 볼 일입니다. 한국의 경제 회복을 위해 I.M.F(국제금융통화기구)가 제시한 안이 대기업의 해체라 할 수 있는 기업의 구조 조정이 아닙니까? 이 길만이 세계화의 무한 경쟁에서 살아남을 수 있는 길이요 민족 전체가 함께 사는 길이기 때문에 거절할 수 없는 불가피한 일입니다. 꼭 해야 합니다.

그러나 어떤 의미에서는 한국의 교회들도 예외는 아니란 생각이 듭니다. 마치 분별없이 너도 나도 공장 짓기식의 무분별한 교회개척도 재고되어야 하겠지만 대재벌의 발상을 좇고 있는 대교회주의도 청산해야 할 과제입니다.

이런 상태로 지속된다면 몇 몇 대형 교회는 살아 남을 수도 있겠지만 공룡화는 사는 길이 아니라 자멸의 길임이 역사의 산 교훈입니다. 오늘날 서구 교회가 우리의 거울이 되고 있습니다. 저 유명한 영국의 웨스트민스터 사원이나 이태리의 노틀담 사원들이 지금은 한낱 역사의 유물로 전락되어 세계인의 구경거리에 불과함을 우리는 잘 알고 있습니다.

너도 살고 나도 사는, 한국 교회가 함께 사는 길은 주님의 말씀인 마태복음 19장 21절을 실천하는 길일 것입니다.

"예수께서 가라사대 네가 온전하고자 할진대 가서 네 소유를 팔아 가난한 자들을 주라 그리하면 하늘에서 보화가 네게 있으리라 그리고 와서 나를 좇으라"

일곱 머리와 열 뿔의 비극

요한계시록 13장을 보면 머리가 일곱이요 뿔이 열인 괴이한 짐승이 등장하고 있습니다. 이 짐승이 어린 양 예수님을 대적하다가 패하게 되는데(17:9-14), 이 짐승에 대해서 주경학자들은 해석하길 이는 장차 종말 때에 예수님의 재림을 대적하고 마지막으로 주의 교회를 대적할 적그리스도 국가를 뜻하는 것이라고 합니다. 그러나 이 짐승의 정체를 보다 더 분명히 밝힌 곳이 있는데, 그 말씀에 의하면 이 짐승은 붉은 용 마귀입니다(계 12:3).

마귀는 마지막 때에 자기 모습을 지닌 어떤 집단(국가)을 만들어 최후로 주님을 대적하게 되나 결국은 재림하신 예수님에 의해 결박당하여 다시는 빠져 나올 수 없는 무저갱에 갇히게 됩니다(계 20:1-3). 이 무저갱이 어쩌면 현대 우주과학자들이 발견한 불랙홀(black hole)일지도 모르지요. 하여간 이 세상은 이 놈의 사탄이 잡혀야 태평성대(太平聖代)를 이룰 수 있는 것이니 주님이 오셔서 이놈을 결박하기까지는 이 땅의 환란, 풍파, 재난은 필연적이라 하겠습니다.

그러면 머리는 무엇이겠습니까? 머리는 곧 권세요 주권자요 대표성을 의미합니다. 뿐만 아니라 머리는 생각과 사상의 보고이기도 합니다. '머리가 좋다' 또는 '나쁘다' 하는 것은 바로 그 머리 속에 있는 생각, 지식, 사상의 정도를 일컫는 말입니다. 그리고 신비로운 것은 각자마다 머리 속에 있는 생각이나 사상 또는 지적 능력과 취향이 다릅니다. 생각이 같으면 동무도 될 수 있지만 생각과 사상이 다르면 논쟁이나 투쟁도 하며 적이 되기도 합니다.

민주 진영과 공산 진영이 오랜 세월 동안 대립하며 싸워 온 것도 사상의 차이 때문이었습니다. 아마 그래서 하나님께서는 한 몸에 각기 하나의 머리를 두셨는지 모릅니다.

한 몸에는 한 머리로 족한 것입니다. 머리가 둘 이상이 되면 몸이 편치 못합니다. 그것은 견해 차이로 시비가 생기기 때문입니다. 이미 시비뿐만 아니라 지체의 편가름과 투쟁을 통해서 몸은 만신창이가 되거나 둘로 갈라져 피차 망하고 말 것입니다. 한 몸에 한 머리, 이는 몸의 분쟁을 막아주는 참으로 하나님의 신비로운 섭리라 하겠습니다.

어떤 단체나 국가도 마찬가지입니다. 머리가 둘 이상이 되면 견해 차이와 주권 싸움으로 결국은 분열되고 마는 것입니다. 분열되지 않으려면 머리는 하나여야 합니다. 그래서 어느 단체에도 대표성을 지닌 장은 한 분만 두는 것이요 국가도 나라를 다스릴 통치자는 한 분만 두게 되는 것입니다. 둘이 되면 주권 다툼은 자명한 것이요 결국은 분열 아니면 파멸을 가져오게 되는 것입니다. 그 한 예가 우리나라가 아닙니까? 단일 민족인 우리나라가 남북으로 분열된 가장 큰 이유는 나라를 다스리겠다는 통치자가 둘이기 때문입니다. 통치자가 하나로 통일되기 전에는 결코 온전한 통일은 불가능할 것입니다.

사탄의 종말은 멸망이지만 그대로 방치해 둔다해도 자멸은 명약관화(明若觀火)한 일입니다. 왜냐하면 머리가 둘도 아닌 일곱이나 되니 말입니다. 마귀가 개입하는 곳마다 분쟁이 있고 소란스러운 것은 이 때문일 것입니다. 그렇기 때문에 머리는 어떤 경우이건 하나여야지 둘 이상이면 아니 됩니다.

그런데 지금 우리 한국 교계에서는 해괴한 일들이 일어나고 있습니다. 무슨 단체만 조직되었다 하면 감투 놀이입니다. 모두가 머리입니다. 전군의 간부화를 주장하던 북한 군대의 조직을 모방한 것인지 조그마한 단체에 하는 일도 없는 감투의 행렬뿐입니다. 전부가 회장이요 대회장이요 총재입니다. 고문 자체가 명예직이거늘 또 명예 고문은 무엇이고, 대표 고문은 무엇입니까?

참으로 아이러니한 것은 불교 승려들의 싸움이 유산을 물려

줄 후손도 없으면서도 싸웠다하면 재산 분쟁이고, 기독교의 성직자는 종이라 하면서도 어찌하여 그렇게 감투들을 좋아하는 것인지 아이러니(irony)가 아닐 수 없습니다.

분명히 기억할 일은 장(長)이 많은 것은 머리가 많은 마귀를 모방한 것은 될지언정(계 12:3) 주님의 모습은 결코 아닙니다(엡 4:5). 일곱 머리 열 뿔의 비극에서 교훈을 얻읍시다.

존귀 영광 모든 권세 주님 홀로 받으시고

교회도 사람으로 구성되고 하나의 조직체이기 때문에 운영상 다양한 직분이 있고 구분상 서열이 있긴 합니다. 아래로는 서리 집사요 위로는 안수 집사 및 권사이며 그리고 장로, 목사가 있습니다. 그러나 이는 성서적으로 볼 때, 기능상의 구분이지 계급의 서열은 아닙니다. 맡은 일에 따라 경중(딤전 5:17)은 있지만 이는 어디까지나 일의 경중을 논한 말씀이지 직분자의 경중이나 우열을 논한 말씀은 아닙니다. 기능의 경중에 따라 귀천이 없는 것은 아니지만(딤전 5:17 ; 딤후 2:20-21) 엄격한 의미에서는 다 봉사자요 종일 뿐입니다(마 25:14). 그러므로 높임받는 어른이 있으시다면 그 분은 오직 예수뿐입니다(딤전 1:17 ; 계 5:11-14). 왜냐하면 주님만이 교회의 머리가 되시기 때문입니다.

둘째는 머리(head)라는 말에는 으뜸(first)이라는 의미가 내포된 것이니 성경도 이를 증명하고 있습니다.

"그는 몸인 교회의 머리라 그가 근본이요 죽은 자들 가운데서 먼저 나신 자니 이는 친히 만물의 으뜸이 되려 하심이요" (골 1:18)

그리고 주님의 으뜸되심의 근원은 하나님입니다. 빌립보서 2장 9~11절 말씀에

"이러므로 하나님이 그를 지극히 높여 모든 이름 위에 뛰어난 이름을 주사 하늘에 있는 자들과 땅에 있는 자들과 땅 아래 있는 자들로 모든 무릎을 예수의 이름에 꿇게 하시고 모든 입으로 예수 그리스도를 주로 시인하여 하나님 아버지께 영광을 돌리게 하셨느니라"

그리고 주님이 하나님께로부터 받은 권세의 범위는 하늘과 땅 곧 온 우주에 미칩니다.

"하늘과 땅의 모든 권세를 내게 주셨으니" (마 28:18)

그래서 주님의 지위를 일컬어 "만왕의 왕이요 만유의 주"(계 19:16)라 하신 것입니다. 우주 만상에 이보다 더 위대한 권세를 가지신 분이 어디 또 있습니까? 우리가 믿는 한 분, 오직 예수뿐입니다.

그러므로 교회는 마땅히 그 권위를 인정하고 높여 드려야 하며(롬 13:1-7 ; 벧전 2:13-18), 그것이 또한 교회의 사명이요 부흥의 비결인 것입니다(행 9:31).

잠잘 때도 머리는 높여 주어야

모든 물건은 제 위치에 있어야 안정됩니다. 전등은 천정에 달려 있어야 안전하고 방 전체에 골고루 불빛을 밝혀줄 수 있습니다. 만일 전등이 땅 바닥에 있다면 방을 골고루 밝혀주지도 못할 뿐더러 누구에겐가 짓밟혀 깨어지고 말 것입니다.

이것은 사람의 인체도 예외가 아닙니다. 머리는 몸체의 제일 위에, 발은 제일 밑에 그리고 이목구비는 적당한 위치에서 앞으로 향하고 …. 그래야 각기 제 기능을 잘 수행할 수도 있고, 안전을 유지할 수 있습니다. 만일 서로 간에 위치가 뒤바뀌면 혼란이 오고 몸도 편안하지 못합니다. 물구나무 서기가 몸의 컨디션 조절을 위한 운동으로 일시적 필요는 있겠지만 장시간 계속할 수는 없는 것입니다. 운동이 끝났으면 속히 제 위치로 돌아가야 안정을 유지할 수 있는 것입니다. 머리는 위로, 발은 아래로 ….

또 한 가지 신기한 것은 활동하지 않는 잠자는 시간에도 머리는 다른 지체와의 동등을 허락지 않습니다. 활동하지 않는 잠자는 시간이라 하여 공평하게 온 몸을 바닥에 붙여 누우면 이상하게도 도저히 단 잠을 잘 수도 없을 뿐더러 피로가 풀리지 않습니다. 그래시 미리는 잠을 잘 때도 나른 시제보다는 소금이라도 높여주어야 합니다. 베개로 살짝이라도 높여 주어야 몸이 편하여 단잠을 이루게 되고, 꿈을 꾸어도 길몽(吉夢)을 꾸게 되는 것입니다.

가정의 평강과 번영도 마찬가지입니다. 가화만사성(家和萬事成)이라 했지요? 이는 진리입니다. 그런데 만사성(萬事成)의 전제인 가화(家和)의 비밀이 무엇인지 아십니까? 그것은 질서와 권위 존중입니다. 가장(家長)이신 어른을 어른 대접하는 것입니다. 늙으셨다고 무시하면 아니됩니다. 권위를 무시하면 질서에 혼란이 오고 결국은 파멸을 초래합니다.

그런데 여러분, 이 원리는 교회 부흥에도 같이 적용되는 원리임을 알아야 합니다.

"교회가 평안하여 든든히 서가고 주를 경외함과 성령의 위로로 진행하여 수가 더 많아지니라" (행 9:31)

주를 경외하는 교회, 이는 주님을 머리로 인정하여 높임을 의미합니다. 그럴 때 교회는 평안하게 되는 것이요 든든히 서가며 성령의 위로를 받게 되는 것입니다.

너무나 완벽한 주의 통치

몇 년 전의 일입니다. 제직 수련회를 인도하러 갔던 한 교회의 이야기입니다. 그 교회는 필자의 첫 목회지이기도 합니다. 가서 보니 심각한 문제를 안고 있었습니다. 가기 전에 먼저 약간의 소문은 듣고 갔지만 가서 본 현안은 소문 이상으로 심각한 상태였습니다. 문제의 내용인즉 담임 목사님을 새로이 모셔와서 위임을 공동 의회에서 가결해 놓았는데, 여러 가지 이유로 인해 위임을 해드릴 수 없다는 것이었습니다. 이 일로 인해 담임 목사와 당회원들 간에 갈등이 심각한 지경에 이른 것입니다. 자존심이 상할 대로 상하신 담임 목사는 자연히 설교에 감정을 싣지 않을 수 없었고, 그럴 수록 교인들의 반발은 커져만 갔습니다. 그래서 하는 수 없이 개입하지 않을 수 없었습니다. 두 분의 장로를 불러서 위임을 종용하니 "그분이 오셔서 교회가 이 모양인데, 위임시켜서 떠나지 않으면 교회가 어떻게 되겠느냐"는 것입니다. 현재 목사님이 부임한 후 교인들이 반으로 줄었다는 것입니다. 벌써 그 지방에 소문이 나쁘게 나서 가실 곳도 없으려니와 만일 위임을 시켰다가는 반대하는 교인은 다 떠날 것이요 결국은 장로된 자기들도 떠나겠다는 것입니다.

정말 이야기를 들어보니 일리는 있었으나 난감하기 이를데 없었습니다. 그러나 필자는 성령님의 감동을 따라 단호히 말했습니다. "교회를 염려하는 충정은 칭찬받을 일이나 장로 못지않게 교회를 사랑하시는 주님이 계신다. 그 주님은 여러분들보다 훨씬 더 마음 아파하시고 염려하실 것이다. 뿐만 아니라 종의 진퇴 문제도 주님의 종이니 만큼 주님이 알아서 하실 것이다. 여러분이 주님의 이름으로 회의를 소집, 결의하여 놓고 지금 와서 어떤 변수가 생겼다고 이를 취소하는 것은 교회 염려 이전에 주님과의 약속을 일방적으로 파기하는 기만이요 죄다. 결코 주님께 칭찬이나 복받을 일이 아니다. 목사님의 진퇴 문제는 주님께 맡기고 약속부터 지켜 보라. 분명히 주님의 선한 인도가 있을 것이다."라는 요지의 말로 설득했습니다. 저의 말을 믿음으로 받아들인 두 장로님은 모험을 무릅쓰고 교인들을 설득하여 위임을 시켜 드렸습니다.

그런데 그 이후 두 장로님이 염려하던 일은 결코 일어나지 않았습니다. 그 이유는 주님께서 모든 일을 합력하여 선하게 처리해 주셨기 때문이었습니다. 갈 곳 없으리라는 그 목사님은 오히려 더 큰 도시, 더 큰 교회로 영전(?)되어 가시고, 이 교회엔 이 교회에 합당한 목사님이 오셨다는 소식을 그것도 몇 년이 아닌 몇 달 후에 접하였던 것입니다.

보십시오. 이것이 주님의 섭리요 능력입니다. 당신이 세우신 교회요 당신의 종이기 때문에 주님이 이렇게 알아서 잘 처리하시는데 왜 못맡깁니까? 그렇다고 교회야 어떻게 되건 주님이 알아서 하시니 아무렇게나 내버려두라는 뜻은 아닙니다. 피흘려 세우신 교회를 늘 사랑하고 염려하고 깨어 기도하며 지성을 다해 섬겨야지요. 그러나 그 열심이 과욕이 되거나 조급함이 주님의 뜻과 역사를 거스르지 않도록 조심해야 합니다. 주님의 역사는 인간적 입장에서 볼 때, 때로는 짜증날 정도로 완만하고 지루하게 느껴질 때도 있습니다 그러나 주님은 그 결과를 언제든지 온전함으로 이끄십니다.

"하나님의 미련한 것이 사람보다 지혜 있고 하나님의 약한 것이 사람보다 강하니라" (고전 1:25)

그러길래 이런 문제가 닥칠 때마다 최선을 다하되 "주여 나의 원대로 마옵시고 아버지의 원대로 되기를 원하나이다"(마 26:39)라고 기도하신 주님의 기도를 배우고 실천할 필요가 있으며, "하나님의 선하시고 기뻐하시고 온전하신 뜻이 무엇인가"(롬 12:2)를 분별하는 지혜가 필요한 것입니다.

  이렇게 주님은 교회의 주인이시요 높임받을 유일하신 어른이며, 어제나 오늘이나 영원토록 다스리시는 왕이십니다(계 2:1 ; 마 28:18).

2 주의 몸으로서의 교회

너는 내 것이라

바울 사도는 주님을 교회의 머리라고 했을 뿐만 아니라 교회는 주님의 몸이라고 하였습니다(엡 1:23). 교회를 헬라어로 에클레시아(ekklecia)라고 하는데, 그 뜻은 '부름받은 자들의 무리'라는 뜻입니다.

주님의 몸인 교회, 이는 주님이 많은 사람 가운데서 한 사람 한 사람 지명하여 불러내셨고(사 43:1 ; 요 15:16), 주님께서 이 무리들로 하여금 교회를 이루신 것입니다. 그래서 주님은 교회를 향하여 "내 교회"(마 16:18)라고 하시는 것입니다.

세상 모든 만물이 누구에겐가 소유된 것처럼, 교회는 주님께 소유된 주님의 것입니다. 지상의 모든 교회는 행정 통제상 또는 신앙 노선상 어느 교단에든 소속해 있지만 본질 면에서는 모두가 주님께 종속된 주님의 소유입니다. 우리는 내가 소속한 교회를 부를 때 '우리 교회' 또는 '내 교회'라는 말을 씁니다. 그러나 사실은 '내 교회, 우리 교회'가 아니라 '주님의 교회'만 있을 뿐입니다. 소속한 이상 내 것처럼 아끼고 사랑하고 봉사해야 하겠지만 그 말이 자칫 주인 의식이 아닌 주권 행세가 되지 않도록 특히 조심해야 합니다.

그리고 교회의 권세가 바로 여기에 즉 교회가 스스로 어떤 권세나 힘이 있어서 강한 것이 아니라 교회의 머리되신 주님의 권세 때문임을 알아야 합니다. 나약한 여자가 출가해서 담대해짐이 남편 때문임과 같다고 하겠습니다. 여자는 출신 가문이 초라할지라도 출가해서 남편 잘 만나면 남편 따라 자리 매

김이 달라지듯 말입니다. 그래서 여자를 일명 비단 주머니라 부르기도 하지요.

교회도 마찬가지입니다. 교회의 권위는 교회를 구성하고 있는 신자들의 성분 때문이 아닙니다. 성분이라면 우리는 죄로 인해 "본질상 진노의 자식일 뿐"(엡 2:3)입니다. 이런 죄인의 신분이지만 우리 믿는 자들은 주님 때문에 신분이 바뀌어지고 막강한 권세가 주어진 것입니다. 즉 진노의 자식들이 하나님의 자녀의 권세와(요 2:12) 사탄의 권세를 제어하는 능력을(막 16:17-18) 소유하게 된 것입니다. 사탄의 권세인 음부의 권세가 세상적으로는 아무 권세나 무기도 가지지 않은 교회를 이기지 못함이 바로 여기에 있는 것입니다.

"이 반석 위에 내 교회를 세우리니 음부의 권세가 이기지 못하리라"(마 16:18)

교회의 주인되신 예수님은 이렇게 권세가 막강하십니다. 하늘과 땅의 모든 권세를 가지신 분이요(마 28:18) 만왕의 왕이시며, 만유의 주이십니다(계 19:16). 이런 주님이 세상 끝 날까지 교회와 함께 하시면서(마 28:20) 지키십니다(시 121편).

그러므로 지상의 교회들은 우리의 주인되신 예수님을 분명히 알 뿐만 아니라 이런 예수님의 막강한 권세를 인하여 음부의 권세를 두려워 말고 대적해야 합니다. 강하고 담대합시다. 주는 우리 편에 서서 늘 도우십니다(사 41:10 ; 행 18:9-10).

아내여, 돕는 배필이여

성경에 보면 여자를 지으신 목적이 분명히 나타나 있습니다. 그것은 창세기에 기록된대로, 한 남편의 아내가 되어 남편을 돕는 일입니다(창 2:18).

그러므로 아내 된 자들이 우선 할 일은 지아비에게 잘 협력하는 일입니다. 역사적으로 모든 위인들의 배후에는 좋은 협력자가 있었으니 그는 다름아닌 돕는 아내들이었습니다. 아내들의 내조없이 성공한 자는 아무도 없습니다. 이런 의미에서 본다면 남편의 성공은 아내들의 내조의 결과라 할 수 있습니다.

이 책을 읽으시는 분이 혹 한 남편의 아내되신 분입니까? 남편의 성공 출세를 원하시거든 열심히 남편을 도우십시오. 그것이 성서의 원리입니다. 그렇다고 오해는 마십시오. 일방적 희생만을 강요한 것은 아니니까요. 왜냐하면 남편들은 또한 아내들을 사랑해야 할 의무가 있기 때문입니다.

"아내들이여 자기 남편에게 복종하기를 주께 하듯 하라 이는 남편이 아내의 머리 됨이 그리스도께서 교회의 머리 됨과 같음이니 그가 친히 몸의 구주시니라 … 남편들아 아내 사랑하기를 그리스도께서 교회를 사랑하시고 위하여 자신을 주심 같이 하라"(엡 5:22-25)

어찌 되었건 남편의 성공 출세는 아내들의 훌륭한 내조에 달려있고, 아내들의 행복은 남편들의 사랑 속에서 가능한 것이니 이는 서로 떼어놓고 존재할 수 없는 불가분리의 관계입니다. 그리고 어쩌면 아내들의 행복이란 남편에 대한 협력의 결과라 할 수 있으니 행복은 곧 남편에 대한 협력의 열매요 협력은 행복의 씨앗이라 할 수 있겠습니다.

아내된 분들이여, 행복의 많은 열매를 얻기 원하십니까? 그렇다면 행복의 씨앗인 협력을 잘 하십시오. 이것이 하나님이 지으신 창조의 원리요 거스릴 수 없는 진리입니다.

그런데 성경은 한 남편의 아내, 한 아내의 남편은 사람의 부부만이 아닌 주님과 교회의 관계이기도 하다고 말씀하십니다. '주님은 남편이요 교회는 그의 아내'라고 말입니다(계 19:7-8, 21:9-10). 그러므로 교회는 주님이 교회를 사랑하시듯, 교회 또한 남편되신 주님을 잘 섬겨야 합니다(엡 5:22-25). 주님 섬김이 교회의 본분이요 주께로부터 사랑받고 부흥하는 비밀입니다(행 9:31).

자기들의 소유로 섬기더라

그러면 주님의 아내된 지상의 교회들은 주님을 어떻게 섬겨야 할까요? 그 섬김의 원칙은 누가복음 8장에서 찾을 수 있습니다.

"이후에 예수께서 각 성과 촌에 두루 다니시며 하나님 나라를 반포하시고 그 복음을 전하실새 열두 제자가 함께 하였고 또한 악귀를 쫓아내심과 병고침을 받은 어떤 여자들 곧 일곱귀신이 나간 자 막달라인이라 하는 마리아와 또 수산나와 다른 여러 여자가 함께 하여 자기들의 소유로 저희를 섬기더라"(눅 8:1-3)

여기 주님을 섬긴 여러 여자들을 교회라고 단정하기에는 무리가 없지 않습니다만 공통된 점 또한 없지 않습니다. 여자나 교회 모두가 헬라어에서는 여성 명사로 취급하고 있습니다. 그리고 또 하나는 주님을 섬긴 것입니다. 그런 의미에서 본문의 주님을 섬긴 여자들을 교회의 상징이라 해도 무리는 아니겠습니다. 그런데 이들은 주님을 어떻게 섬기셨습니까? 첫째는 자기들이 가진 소유로 섬겼습니다. 둘째는 여러 여자가 함께 하여 공동으로 섬겼습니다. 이것이 주님을 섬기는 원리입니다.

주님은 우리에게 무리한 요구를 하지 않으십니다. 현재 갖고 있는 소유면 족합니다. 보리 떡 다섯 개와 물고기 두 마리뿐이면 그것으로 족하고, 빵 한 조각만 만들 가루 한 움큼뿐이면 그것으로 족합니다. 주님은 그것으로 모든 사람을 족하게 먹이실 능력이 있기 때문입니다. 그러므로 문제는 소유의 적고 많음이 문제가 아니라 그것을 주님께 드릴 수 있느냐 없느냐 하는 우리의 믿음과 헌신이 문제인 것입니다. 사실 알고 보면 주님 섬기기 보다 더 편하고 쉬운 일은 없습니다. 왜냐하면 어떤 욕심많은 신랑처럼 많은 지참금을 요구하지 않으시니 말입니다.

그리고 주께 드릴 우리의 소유는 꼭 물질일 필요는 없습니다. 돈일 수도 있지만 때로는 천부적 재능일 수도 있고, 후천적으로 받은 성령의 은사일 수도 있는 것이며 또는 주어진 지위도 주를 도울 수 있는 소유가 될 수 있는 것입니다. 주님이 필요로 하실 때, 그것을 드리면 됩니다.

그리고 우리의 소유로 섬기되 온 교우들이 연합하여 공동으로 섬기십시다. 능력따라 때로는 한 사람이 열 사람 몫을 감당할 수도 있고 또 할 수만 있다면 해야지만 주님의 요구는 열 개의 섬김을 한 사람이 감당하기보다는 열 사람이 한 개씩 십시일반(十匙一飯)으로 나눠 협력하길 원하십니다(눅 17:17 ; 롬 15:1).

많은 것을 혼자하려는 것은 위험합니다. 잘못하면 자기도 모르게 교만의 덫에 걸리기 쉽고(잠 16:18), 칭찬이 많은 만큼 상 잃기도 쉬우며(마 6:2-5), 나 한 사람 때문에 아홉 사람의 다수를 방관자로 만들 수도 있기 때문입니다. 그러므로 짐지는 일은 능력따라 하되 서로 나눠 일하는 지혜가 필요한 것입니다(갈 6:2). 그렇다고 많이 받은 자가 공평의 원칙에 따라 많은 능력을 감추고 적은 봉사자와 같이 할 수도 없는 것은 주님께서 많이 받은 자에겐 많이 요구하시기 때문입니다(눅 12:48).

그러면 어떻게 해야 합니까? 받은 만큼의 의무를 다하고도 상 잃지 않는 비밀은 없을까요?

아마 이렇게 하는 것도 지혜일 것입니다. 열 개의 능력을 한 개씩 나누어서 열 개 또는 열 번으로 드리면 될 것입니다(마 6:3,4 ; 고후 8 :20). 이렇게 하면 드릴 것 다 드리고도 시험받을 일은 없을 것입니다.

그리고 교회는, 주님 당시 다양한 신분의 여성들이 연합하여 주님을 섬겼던 것처럼 획일적인 단일 색깔보다는 유·무식이 연합하고 빈부귀천이 한데 어울려 차별없는 조화 속에 협력하여 주를 섬기는 곳이 교회입니다. 주님 또한 그것을 기뻐하십니다. 이런 교회가 되도록 노력합시다.

주님도 무리한 요구(?)

그런데 성경을 보면 주님은 우리의 가진 소유로 섬기는 것을 만족만 하시는 것이 아니라 때로는 우리가 하기 어려운 무리한 요구를 하실 때도 있습니다. 에베소서 5장에 보면 참으로 하기 어려운 복종을 요구하시고 있습니다.

"아내들이여 자기 남편에게 복종하기를 주께 하듯 하라 그러나 교회가 그리스도에게 하듯 아내들도 범사에 그 남편에게 복종할지니라"(엡 5:22, 24)

이는 아내에게 복종을 명하시는 말씀이지만 다음 말씀을 보면 주님께 대한 교회의 복종을 전제로 한 말씀임을 알 수 있습니다. 복종과 순종에는 많은 차이가 있습니다. 순종(順從)이란 자의에 의한 따름이지만 복종(服從)이란 자의와는 전혀 상관없이 타의를 무조건 따르는 것을 의미합니다. 일종의 맹종(盲從)이라 할 수 있는 것입니다.
이는 노예 제도 시대나 가능할까 오늘날처럼 개인주의가 신장하고 이해 판세에 의해 살아가고 있는 현대인에게는 상상도 할 수 없는 요구입니다.
집회를 인도하면서 때때로 짓궂게 아내된 여성도들을 향하여 남편에게 복종하는 분이 있느냐고 질문을 할 때가 있습니다. 그런데 이제까지의 그 많은 물음에 "예"하고 손든 사람은 단 한 사람뿐이었습니다. 그래서 '대단한 여인을 만났구나' 생각하고, 어떻게 자신있게 손들었느냐고 물었더니 담대히 말하길 "나는 남편이 돌아가셔서 없기 때문"이라고 대답하는 것이었습니다. 웃기기 위한 해프닝이었지만 결과적으로는 여필종부(女必從夫)니 칠거지악(七去之惡)이니 해도 복종까지 하는 아내는 한 분도 없다는 결론입니다.

  하나님의 엄위하신 명령인데 왜 한 분도 남편에게 복종을 하지 않는 것일까요? 복종에 대한 비밀을 알아서 한 일 같지는 않습니다만 현대 여성이어서 그런 것이 아니라 복종할 만한 은혜를 입지 않았기 때문일 것입니다.

  성경에도 기록되어 있습니다만(슥 13:6) 중동 지방에서는 허리나 엉덩이에 칼자국이 난 남자들을 더러 볼 수 있다고 합니다. 그 이유인즉 중동 지방은 - 이스라엘을 비롯하여 그 지역 모든 나라의 풍습이긴 하지만 - 결혼 예식을 밤에 치르고 처가에서 첫 날 밤을 지내게 되는데, 첫 잠자리는 언제나 아내의 부모가 준비한 세마포의 흰 수건을 깔고 동침하게 한답니다. 이를 자리옷이라 부릅니다(신 22:17). 이는 신부의 처녀 유무를 확인하는 묘안이기도 하지만 사실은 연약한 여자를 보호하기 위한 수단으로 하나님이 만드신 제도입니다. 즉 혹이라도 어느 남자가 아내를 취하여 살다가 미워져서 '이 여인은 정조를 잃은 불량한 여성'이란 누명을 씌워 이혼을 하려 하면 그때 재판의 증거 자료로 제출하여 억울한 이혼을 막게 되는 것입니다(신 22:15-21).

  그렇기 때문에 처녀의 아버지는 피묻은 자리옷을 만일을 대비해 신주(神主)모시듯 고이고이 간직해 놓는 것입니다. 여담

이긴 하지만 여자에게만 처녀막을 주어 정조를 지키게 함은 하나님의 불공평한 처사가 아니라 약한 여인을 불량한 남편으로부터 보호하시려는 하나님의 자비임을 알 수 있습니다.

그런데 문제는, 피의 흔적이 있는 자리옷은 까닭없는 일방적 이혼을 막을 수 있는 법적 보호의 큰 힘이지만 그렇지 못한 자에게는 돌로 쳐죽임을 당하는 무서운 형벌인 것입니다(신 22 :21). 그래서 여자에게 있어서의 정조란 곧 생명과 같은 것이었습니다. 그러면 피의 흔적이 없는 이 여인이 돌세례에서 구원받아 살아남을 수 있는 길은 무엇일까요?

그것은 오직 한 가지 방법밖에는 없습니다. 그 한 가지 유일한 방법은 어려운 일이긴 하지만 남편되는 분이 대신 피를 흘려주는 것입니다. 옆구리나 엉덩이에 상처를 내어 대신 피를 흘려 자리옷에 묻혀 주면 됩니다. 비록 여인이 어떤 일로 인하여 혼전 정조를 잃었을지라도 관대한 남편의 피흘림을 통해서 살아나게 되는 것입니다. 그러나 단 한 가지의 조건이 있으니 그것은 복종에 대한 서약입니다. 살기 위해서라도 복종은 서약해야 되겠지만 남편이 대신 흘려준 피 때문에 죽을 몸이 살아난 것이니 이 은혜를 잊지 않는 한은 복종을 하되 즐거움으로 하지 않을 수 없을 것입니다. 여기에 진정한 복종의 의미가 있는 것입니다.

늘 울어도 눈물로써 못갚을 큰 은혜

우리 한국 여성들은 남편으로부터 이런 은혜의 체험이 없었으니 복종하지 않는다고 나무라지도 못할 일입니다. 그러나 여러분, 주님의 신부된 지상의 교회들은 주님께 복종해야 합니다. 왜냐하면 주님은 아내된 지상의 교회를 위하여 피를 흘려 주셨기 때문입니다.

"저희가 거기서 예수를 십자가에 못 박을새" (요 14:18)
"그 중 한 군병이 창으로 옆구리를 찌르니 곧 피와 물이 나오더라" (요 14:34)
"성령이 저들 가운데 너희로 감독자로 삼고 하나님이 자기 피로 사신 교회를 치게 하셨느니라 (행 20:28하)
"… 너희는 너희 것이 아니라 값으로 산 것이 되었으니 그런즉 너희 몸으로 하나님께 영광을 돌리라" (고전 6:19하—20)

그러므로 주님의 신부된 지상의 교회는 남편되신 예수님께 복종해야 할 의무가 있을 뿐만 아니라 복종을 하되 마지 못한 복종이 아니라 감사, 감격하는 복종이 있어야 하는 것입니다 (엡 5:24).

"늘 울어도 눈물로써 못갚을 줄 알아 몸밖에 드릴 것 없어 이 몸 바칩니다" (찬 141장 5절)

진리로 거룩하게 하옵소서

아내는 항상 거룩과 아름다움을 유지해야 합니다. 거룩없는 아름다움은 위선이요 아름다움을 겸하지 못한 거룩은 무미건조하기 때문입니다. 그러므로 이 두 가지는 항상 겸전해야 합니다. 그리고 거룩은 곧 성결을 의미합니다. 부정한 아내를 용서해 주었다고 아내는 남편이 항상 용서하리라는 착각을 해서는 아니됩니다. 한 번 실수는 병가지상사(兵家之常事)로 용서했지만 계속 부정을 행하면 아무리 관대한 남편이라 할지라도 용서하지는 않을 것입니다. 남편의 진정한 소원은 아내의 성결입니다. 또한 이것이 아내된 자의 의무요 용서받은 자의 도리일 것입니다.

주님과 교회와의 관계도 마찬가지입니다. 교회의 남편되신 주님의 요구가 바로 교회의 거룩입니다. 예수님은 제자들과의 송별연에서 간곡히 기도하신 내용 중의 하나가 저들이 악에 빠지지 않게 보존되기를 바라는 것이었고, 진리 안에서 거룩하게 되는 것이었습니다(요 17:15-17). 그리고 그 거룩은 신부된 교회를 자기 앞에 영광스러운 모습으로 세우기 위함인 것입니다(엡 5:26-27). 아름다운 아내는 지아비의 면류관인 것입니다.

미혼의 청년 남자들에게 배우자 선택에 관한 앙케이트(enquete)를 해보면 대답이야 하나같이 첫째가 믿음이요 다음은 교양이요 합니다. 하시만 그것은 멀쩡한 거짓말입니다. 정작 소개하여 선을 보이면 그 많던 우선 조건은 다 어디로 가고 매료되는 포인트는 하나같이 외모더라구요. 중매자가 볼 때는 골고루 자격을 갖춘 이상적 아내감이라 생각되어 소개했건만 외모의 조그마한 결함으로 혼사가 성사되지 못한 일이 한 두 번이 아니었습니다. 여자들은 시집 잘가려면 뭐니뭐니 해도 외모가 아름다워야겠더군요. 그리고 그것이 또한 성서적이니 어쩔 수 없는 일이기도 하지요(삼상 16:7). 미(美)가 보는 이로 황홀하게 하고 사랑받는 비밀이니(창 2:22-23) 여성은 남편에게 사랑받기 위해서라도 미를 가꾸는 것이 지혜입니다.

주님의 아내된 지상의 교회도 마찬가지입니다. 주님께 사랑받고 기쁨드리는 교회가 되기 위해서는 비록 세속에 세워진 교회이긴 하지만 세속에 물들지 않도록 늘 깨어 기도하고, 경건하며, 진리로 성결을 지켜야 합니다(요 17:15-17). 그리고 신령한 화장품인 은혜로 단장하고(히 4:16), 착한 일 많이 하여 칭찬받고 기쁨드리는 교회가 됩시다(마 5:17).

작은 천국, 평화의 동산

머리와 몸은 일체이기 때문에 건강과 컨디션 유지에도 밀접한 관계를 지니고 있습니다. 예컨대 머리가 신경을 많이 쓰면 몸은 활동없이도 피곤을 느끼게 되며, 소화에 지장을 줍니다. 그것은 교감 신경이 자극을 받아서 몸에 유해한 분비물을 방출하기 때문이라고 합니다.

그런가 하면 반대로 소화 불량이나 체기가 있으면 상관없는 머리가 아프게 되는 것이며, 몸에 어떤 이상이 생기면 염려하고 괴로워하는 부위는 이상이 생긴 부위가 아니라 전혀 상관없는 머리입니다. 이것은 곧 모든 지체가 뗄 수 없는 불가분리의 관계에 있다는 증거입니다.

　주님과 교회의 관계도 마찬가지입니다. 주님은 지상의 교회 형편에 따라 무척 민감하십니다. 계시록에 나오는 일곱 교회와 주님의 반응을 보십시오. 일곱 교회를 상대하시는 주님은 분명히 같은 한 분이시나 그 교회의 영적 상태에 따라 주님의 모습은 각기 다르게 나타납니다. 예컨대 빌라델비아 교회 같은 흠이 없는 교회를 향하여서는 칭찬뿐임에 반하여 라오디게아 교회를 향하여는 분노어린 질책을 하시는 모습을 볼 수 있습니다(계 3:7-22).
　지상 교회의 영적 상태에 따라 주님의 감정 상태가 변화하고 있습니다. 그러므로 진정 지상의 교회들이 남편되신 예수님에게 기쁨과 평안을 드리는 길은 지상의 교회들이 평안 가운데 주의 일을 능동적으로 잘 수행하는 일입니다. 사도행전 9장 31절을 보면 교회 부흥의 첫째 조건이 평안입니다.

"그리하여 온 유대와 갈릴리와 사마리아 교회가 평안하여 든든히 서가고 주를 경외함과 성령의 위로로 진행하여 수가 더 많아지니라"
"형제가 연합하여 동거함이 어찌 그리 선하고 아름다운고 머리에 있는 보배로운 기름이 수염 곧 아론의 수염에 흘러서 그 옷깃까지 내림 같고 헐몬의 이슬이 시온의 산들에 내림 같도다 거기서 여호와께서 복을 명하셨나니 곧 영생이로다" (시 133:1-3)

　우리 말에도 가화만사성(家和萬事成)이라 했습니다. 화목하지 않고 되는 일이란 극히 드문 것입니다. 그래서 잠언 17장

14절에서는 불화를 경계하여 이르시기를 "다투는 시작은 방축에서 물이 새는 것 같은 즉 싸움이 일어나기 전에 시비를 그칠지니라"고 하셨습니다.

필자는 짧은 목회 경험이지만 교회를 위한 큰 봉사가 뭐니뭐니해도 화목을 도모하는 일보다 더 큰 봉사는 없다고 봅니다. 기도도 큰 봉사요 많은 사람을 전도하는 것도 큰 봉사며, 많은 헌금과 남다른 수고도 모두가 교회 부흥을 위한 값진 봉사들이지만 그 많은 봉사에도 불구하고 한 번의 분쟁으로 모든 것을 무위로 만들어 버린 일을 여러 교회에서 많이 보아왔기 때문입니다.

화평을 깨뜨리는 것은 마치 가득 채워 놓은 물 그릇을 깨뜨리는 것과 같아서, 일시에 모든 공적을 허물어 버리고 부흥에 제동을 겁니다. 이런 교회를 주님이 보실 때 주님의 마음이 어떠하시겠습니까? 주님을 근심케 맙시다. 실망을 드리는 일입니다(마 20:20-28).

교회는 천국의 그림자요 작은 천국입니다. 그러므로 교회는 작지만 천국이어야 합니다. 성령 안에서 의와 영광과 희락으로 가득찬(롬 14:17) 천국의 모습을 지녀야 합니다.

여기가 교회인줄 아세요?

수십 년 전의 일이긴 합니다만 한국 교회가 한창 분열을 일삼으며 싸움질할 때의 일입니다. 버스 안에서 어떤 손님 두 분이 싸움이 일어났는데, 이들을 만류하는 분의 말인즉 "여보시오, 여기가 교회인줄 아세요? 왜 버스 간에서 싸움질이요."하더라는 것입니다. 속된 말로 골때리는 소리요 뒷통수 치는 풍자이며, 주님의 마음을 아프시게 하는 일입니다. 한국 교회는 두 번 다시 이런 누를 범하지 말아야 합니다.

주님의 십자가의 의미가 무엇입니까? 그것은 화해의 상징입니다. 죄로 원수된 하나님과 인간, 그리고 미움으로 등지고 사는 인간과 인간과의 화해의 상징인 것입니다(엡 2:13-22). 이를 믿는 우리 신자가 교회 안에서 화평하지 못하면 누구를 보고 화평을 말할 수 있겠습니까? 그리고 그 분이 신부된 교회에 주신 유일의 새 계명이 사랑이거늘(요 13:34) 어찌 분쟁할 수 있단 말입니까?

인간이 모인 집단이다보니 그럴 수도 있는 것이 아니냐고 할 수도 있겠지만 분명히 기억해야 할 것은 분쟁은 하나님의 소유가 아닌 마귀의 전유물이라는 사실입니다(약 3:14-16). 그러므로 큰 봉사를 못할지언정 진정 교회를 사랑하고 부흥되길 소원한다면 다투지 말아야 합니다. 부득이한 일로 다투었으면 속히 화해하고 회개할 일입니다(마 5:21-26). 왜냐하면 다툼은 피차 망하는 길이요(갈 5:15) 주님의 몸에 다시 못질하는 큰 죄악이며, 마귀를 불러들이는 일이기 때문입니다(엡 4:26).

너가 우하면 나는 좌하고

그리고 화평은 하나됨의 전제입니다. 지체는 많으나 몸은 하나입니다(고전 12:12). 몸이 둘이 되면 정상인이 아닙니다. 생존할 수 없습니다. 인간의 문명의 이기로 생태계에 큰 변화를 가져와 때로는 죄없는 후손들이 기형아로 태어나는 일들이 종종 있는데, 어떤 때는 한 몸에 머리 둘 달린 아이, 때로는 장기 기능을 각각 지닌 이신일체(異身一體)의 기묘한 기형아가 태어나기도 합니다. 이 모두가 하나님의 창조의 원리를 거스린 재앙이라 할 수 있습니다.

그런데 오늘날 교회가 이러하지는 않는지요? 시공(時空)의 문제로 지역 단위로 예배당을 세워 예배를 드리고, 각기 자치권을 가지고 운영하고 있습니다만 신령 면에 있어서 교회는 하나입니다. 그러길래 주님은 하나의 교회이길 그토록 원하셨고(요 17:21-23), 성령님 또한 하나되게 하시는 일치의 영입니다(엡 4:3).

그럼에도 불구하고 지상의 교회들 특히 우리 한국의 교회들은 주님의 소원과 성령님의 하나되게 하심의 사역과는 달리 반대의 길을 걸어오지 않았나(?) 생각합니다. 신앙 노선과 소위 색깔을 따라 이합집산(離合集散)할 수도 있고, 때로는 그것이 상호 견제와 선의적 경쟁을 통해서 건전한 성장을 하게 하는 긍정적 측면이 없지는 않습니다. 그러나 한국 교회의 분열은 따지고 보면 명분도 없는, 다분히 감정적이고 이기적인 산물들이며, 주님의 십자가 밑에서 주님의 옷을 나누는 로마 병정보다도 더 몰인정하고 악한, 주님의 몸을 찢는 일이 아닌가 생각합니다.

이제 선교 2세기를 맞이한 우리 한국 교회는 새로워져야 합니다. 과거의 분열을 회개할 뿐만 아니라 명분없는 분열은 지양해 다시 연합하며, 교파는 다르더라도 다같이 주님의 한 몸임을 인정하여 서로의 장점은 칭찬하고 사랑하는 풍토를 새롭게 조성해야 합니다. 이것이 진정 오늘날의 한국 교회가 주님을 기쁘게 해 드리는 일이요 주님의 몸으로서의 본분을 바르게 하는 일일 것입니다.

생산의 기쁨

생육하고 번성하여 땅에 충만케 됨은 지상에서는 인간에게만 주신 축복입니다(창 1:28). 무수한 질병과 재난이 인간의 생명을 위협하고, 수많은 전쟁이 인간의 생명을 앗아갔지만 그럼에도 불구하고 지구 상에는 인간으로 만원(滿員)입니다. 급기야는 '둘만 낳아 잘 기르자'는 산아 제한의 슬로건(slogan)이 '딸 아들 구별말고 하나만 낳자'로 바뀌었으니 불원(不遠) 내에 '무자식이 상팔자다'라는 슬로건이 등장할 것 같습니다. 이 한 가지 사실로도 하나님의 말씀의 능력과 위대성은 입증된 것이라 하겠습니다. 인간 창조 시에 하신 말씀 한 마디가 지금까지도 그 위력을 지속하고 있으니 말입니다.

그리고 남녀가 연합하여 새 생명을 출산함은 신비 중의 신비요 하나님 창조의 오묘라 하겠습니다. 생산은 아름답습니다. 그리고 기쁨입니다. 그 기쁨이 얼마나 크기에 그토록 고통스럽다는 해산의 고통을 그렇게도 쉽게 잊을 수 있겠습니까? 생산의 기쁨이 해산의 고통을 상쇄(相殺)한 때문입니다.

교회는 주님의 신부요 아내입니다. 주님의 아내된 교회도 주님의 자녀를 많이 생산해야 할 의무가 있고(요1 5:8), 자녀 생산이 아내 맞아들임의 제일 목적이듯, 주님도 교회를 당신의 아내로 세운 것은 영적 자녀인 많은 신자의 증가를 원하시기 때문입니다(요 15:16). 육신의 자녀는 너무 많아서 산아 제한을 필요로 하지만 영적 자녀는 산아 제한을 요구하지 않습니다. 지옥은 너무나 많은 사람들이 가서 이제는 만원(滿員)이라는 풍자도 있습니다만 천국은 아직도 빈 자리가 많습니다(요 14:2).

교역자의 변명 같으나 원리적으로 볼 때, 자녀는 여자의 몫이요 양 새끼는 양이 낳는 것이니 전도는 지상 교회의 고유한 사명이요 양된 교우들의 몫인 것입니다. 열심히 전도해야 합니다. 전도보다 하나님을 더 기쁘게 하는 일은 결코 없습니다(눅 15장 ; 요 15:8).

타오르는 지옥불

몇 년 전. 어느 교회 집회 인도시 소위 입신(入神)이라는 천국 체험을 어느 집사님이 하신 일이 있었습니다. 희희락락(喜喜樂樂) 천국 여행 중 갑자기 외마디의 울음으로 부르짖기를 "아이고 하나님, 우리 남편, 우리 남편! 우리 남편을 구해 주십시오. 아이고 어쩌나, 어쩌나!"하고 그야말로 오도방정이었습니다. 필자는 생각하길 '아마 지옥에서 고통당하는 남편의 모습을 본 모양이구나' 라고 생각했습니다. 그러나 현실로 돌아

온 그 집사의 이야기인즉 남편은 아직 살아 있는데 예수를 믿지 않는지라 그 무시무시한 지옥불에서 고통당하는 인생들을 볼 때 자기 남편의 장래가 염려되어서 외쳤다는 것입니다.

여러분 천국이 있다는 예수님의 말씀을 믿거든 지옥이 있다는 말씀도 믿으십시오. 그리고 지옥불은 우리의 대적 원수 마귀만을 위해 예비된 것이 아니라 믿지 않는 남편, 처·자식, 친·인척과 친구들을 위해서도 준비된 심판의 불임을 알아야 합니다. 이웃 집에 불이 나도 하던 일 모두 제쳐 놓고서라도 불을 꺼주고 사람을 구출해야 함이 인간의 도리가 아니겠습니까? 그러나 그보다 더 큰 도리는 영원한 지옥불로 향하는 가족, 친지, 이웃을 구원하는 일입니다.

스타가 되는 길

스타가 되길 원하십니까? 하늘의 별 따기처럼 어렵게 생각하십니까? 어렵지 않습니다. 저도 스타가 될 수 있고, 독자 여러분도 될 수 있습니다. 왜냐하면 현대는 옛날과는 달리 스타를 어느 특정인에게만 주는 시대가 아닌, 누구라도 남다른 개성과 장기가 있으면 얼마든지 스타가 될 수 있는 스타 보편화 시대이기 때문입니다. 영화 배우나 TV 탤런트만 스타가 아니라 이제는 체육인이든 직장인이든 인기만 있으면 모두가 스타입니다. TV 방송국은 앞다퉈 가면서 이런 사람들을 발굴하여 TV에 등장시키니 말입니다.

젊은 이들의 영웅이요 소망인 스타가 되는 길, 우리 어른들도 가능합니다. 그것은 전도입니다. 근자에 와서 독실한 크리스천이요 교수이신 한 분이 스타가 되셨지요? 좋은 일에는 이름을 밝혀도 실례되지 않을 것 같아서 이름을 밝힙니다. 그 분은 이미 우리가 잘 알고 있는 연세대학교 의과대학 교수이신 황수관 박사입니다. 한 때 어느 TV 방송국에서는 그 분에게 고정 프로를 맡긴 때도 있었지만 3개 TV 방송국에서 서로 모시기에 다투다시피 하였고, 좀 이름있는 그리고 흥행(?)에 성공하기 위해서는 기독교 집회에서도 약방의 감초처럼 강사로 모셔가고 있습니다. 전하여 오는 말에 의하면 교회 강단에 간증 집회 강사로 모시기가 하늘에 별 따기요 직접 통화는 아예 생각조차 하지 말라고 하더군요. 그야말로 스타가 된 것입니다.

그런데 왜 이분이 스타가 되셨는지 아셔요? 물론 현대인들의 관심사인 건강학 교수이고, 개그맨 못지않는 코믹한 강의 때문이기도 하지만 그보다 더 큰 원인은 전도 때문입니다. 그 분의 고백을 들은 분은 다 아시지만 초라한 학력으로 연세대 교수가 된 비밀도 전도 때문이거니와 병원에서 환자를 치료하는 목적도 육신 치료보다는 영혼 구원을 우선한다고 하잖아요? 전도 하나로 스타가 된 예입니다.

이 분 외에도 전국 교회의 설교단을 휩쓸고 다니는 평신도 스타들이 많은데, 거의 대부분이 전도자들입니다. 남달리 전도를 많이 했기 때문에 그 비밀을 듣고자 교회마다 모시게 되었고, 이로 인해 자기도 모르는 사이에 스타가 된 것입니다. 그러나 이들의 모든 사실을 알고 보면 하나님의 약속이 성취되었을 뿐입니다.

"많은 사람을 옳은 데로 돌아오게 한 자는 별과 같이 영원토록 비취리라" (단 12:3)
"무릇 내게 있어 과실을 맺지 아니하는 가지는 내 아버지께서 이를 제해 버리시고 무릇 과실을 맺는 가지는 더 과실을 맺게 하려하여 이를 깨끗게 하시느니라 … **너희가 나를 택한 것이 아니요 내가 너희를 택하여 세웠나니 이는 너희로 가서 과실을 맺게 하고 또 너희 과실이 항상 있게 하여 내 이름으로 아버지께 무엇을 구하든지 다 받게 하려 함이니라**" (요 15:2, 16)

3

교회 지체로서의 제직

교회의 지체들

 혹 이 책을 읽으시는 독자분들 중 보훈병원을 방문해 보신 분들이 계시는지요? 이미 수년 전의 일이긴 합니다만 저도 환자 위문차 보훈병원에 가본 일이 있습니다. 그 병원의 환자들은 거의가 한국전쟁 중 다친 분들이 대부분입니다. 그리고 그 많은 환자 중 가장 마음을 아프게 하는 분이 있었는데, 그분은 전쟁으로 인해 양 손과 두 발을 몽땅 잃어버린, 머리와 몸통뿐인 상이용사입니다. 머리와 몸이 있어서 생존에는 별 지장이 없는지라 그때까지도 살아계셨지만 사지(四肢)가 없다보니 그 사람은 분명히 사람이면서도 사람 구실을 못하고 있었습니다. 다른 분이 먹여주어야 먹을 수 있었고, 대소변도 다른 사람의 도움이 없이는 불가능하였습니다. 정말 살았다는 이름을 가졌으나 죽은 자와 방불하였습니다. 전쟁의 총성이 멈춘지 이미 50여 년이 지나가고 있고, 10년이면 강산도 변한다는 말처럼 50년이 지난 오늘의 강산에는 전쟁의 흔적이라고는 도무지 찾아 볼 수 없을 정도로 나라가 발전했습니다. 그러나 그 병원에 가보면 전쟁의 흔적이 아직도 아물지 않고 생생히 살아있음을 목격하게 됩니다.

 필자는 이 사람을 보면서 많은 교훈을 얻었습니다. 그 중 한 가지가 지체의 중요성입니다. 머리와 몸통이 멀쩡해도 지체가 없으니 사람이면서도 사람 구실을 못하더란 말입니다. 그러므로 사람이 한 인격체로서 완전한 삶을 살려면 하나님이 주신 모든 지체가 다 있어야 합니다. 길을 걸어 가려면 보는 눈이 있어야 하며, 듣는 귀가 있어야 소리를 분별할 수 있고, 입이 있어야 섭생도 하고 말도 할 수 있는 것입니다. 그 외의 지체도 다 마찬가지입니다. 어느 것이고 하나라도 없으면 그만큼 삶이 고통스러운 것입니다. 사실 머리가 아무리 명석하고 기발한 아이디어를 창출해 내도 지체들이 없으면 아무 것도 할 수 없습니다. 이 책을 읽으시는 독자 여러분, 당신들의 몸을 다시 한 번 확인해 보십시오. 그리고 멀쩡한 지체를 가지셨거든 하나님께 진심으로 감사하시고 지체들의 고마움을 표시하십시오.

그러면 주의 몸인 교회의 지체는 무엇인가요? 바울 사도는 설명하길 교회의 모든 제직이 지체라고 하였습니다(고전 12:27-30). 제직(諸職)이란 말의 언어적인 본 뜻은 교회의 모든 벼슬이란 뜻이지만 이 말에는 권위적인 냄새가 나는 말인지라 성서적인 의미로 볼 때, 봉사직인 교회 직분자들에게는 적합지 않은 용어입니다.
그럼에도 이 용어를 계속 쓸 수밖에 없는 것은 이 말을 대체해 쓸 만한 마땅한 다른 단어가 없을 뿐더러 이제는 이 말이 교회에서 보편화된 말인지라 편의상 그대로 쓰기로 하겠습니다.
그러면 교회의 모든 제직이 무엇입니까? 그것은 목사, 장로, 집사, 권사 등등 입니다. 그러나 이 직분들은 현대 교회의 직제들입니다. 제직의 역사를 살펴보면 시대마다 조금씩 변천해 왔음을 알 수 있습니다. 주님 당시에는 열 두 사도와 칠십 인의 제자로 두 가지가 있었고, 초대 예루살렘 교회에 와서는 일곱 집사가 더하여졌으며(행 6장), 바울이 고린도 전서를 쓸 당시에는 아홉 가지로 늘어났으니 열거하면 ① 사도 ② 선지자

③ 교사 ④ 능력 ⑤ 병고치는 은사 ⑥ 서로 돕는 자 ⑦ 다스리는 자 ⑧ 각종 방언 말하는 자 ⑨ 방언 통역 등이었습니다(고전 12:28-30). 그리고 에베소 교회는 또 약간의 차이가 있었는데 ① 사도 ② 선지자 ③ 복음 전하는 자 ④ 목사 ⑤ 교사 등 다섯 가지였습니다(엡 4:11). 지금도 교단마다 직분의 명칭이나 종류에 약간씩의 차이가 있는 것을 볼 수 있는데, 이는 교회가 시대 상황에 따라 직제를 적절히 조정할 수 있는 것으로 보아 가변적임을 알 수 있습니다.

몸은 하나이나 지체는 많고

제직의 수는 교단마다 법으로 적절히 조정하고 있습니다만 그 수의 상한선은 장로 외에는 거의 모든 교단들이 절대적 제한선을 두지 않고 있습니다. 그것은 몸의 지체가 다양한 일을 위해 다양한 지체가 많이 필요하듯이 교회도 일의 양에 따라 때로는 많이, 때로는 적게 세워야 할 필요가 있기 때문입니다. 그러나 한 가지 분명한 것은 몸은 하나이나 지체는 많아야 된다는 사실입니다(고전 12:12, 14:20). 그리고 몸의 지체도 손, 발, 이목구비 따위로 구분하듯 교회 제직도 기능 따라 또는 유형 따라 구분할 수 있는 것이니 구분하면 아래와 같습니다.

(1) **행정 직능상에 의한 분류** : 감독직(목사, 장로)과 봉사직(집사와 권사)이 있음.
(2) **시무 연한에 의한 분류** : 항존직(목사, 장로, 안수 집사,

권사)과 임시직(서리 집사, 전도사)이 있음.
(3) **목회적 차원에 의한 분류** : 교역자(목사, 전도사)와 평신도(장로, 집사, 권사)가 있음.

위에서 보는 바와 같이 같은 직분일지라도 분류 방식에 따라 유형을 달리하고 있음을 알 수 있습니다.

예를 들면 목사는 행정 직능상으로는 감독직이요 시무 연한에 의한 구분으로는 항존직이며, 목회적 차원에서는 교역자에 속합니다. 그런가 하면 장로는 행정 직능상의 구분과 시무 연한에 의한 구분에서는 목사와 같은 감독직과 항존직이나 목회적 차원에서는 목사와는 달리 평신도에 해당합니다. 또한 안수 집사와 권사는 1, 2, 3항에서 모두 같은 것으로서 행정 직능상으로는 봉사직이요 시무 연한으로는 항존직이며, 목회적 차원에서는 평신도입니다. 또 서리 집사는 모든 면에 안수 집사와 같지만 시무 연한에서는 임시직입니다. 그리고 전도사는 행정 직능상으로는 봉사직이요 시무 연한에서는 임시직이나 목회적 차원에서는 교역자 항에 해당되는 특이한 직분임을 알 수 있습니다. 즉 행정 직능상으로서의 위치는 당회 아래에서 지도 감독을 받아야 할 직분이지만 목회적 차원에서는 교역자의 위치에서 당회원도 가르칠 수 있는 직분입니다.

그리고 성경에서는 제직을 부를 때, 고유한 직함이 있는 것도 사실이지만 직명 외에 여러 가지 다른 별명으로 호칭되었으니 열거하면 다음과 같습니다.

① 종(마 25:14) ② 하인(롬 14:4) ③ 그리스도의 일꾼(고전 4:1) ④ 교회의 일꾼(골 1:24) ⑤ 군사(딤전 2:4) ⑥ 사환(벧

전 2:18) ⑦ 청지기(벧전 4:10) ⑧ 지체(고전 12:12-30).

이상에서 살펴보건대 어떤 직분도 보편적인 의미에서는 모두가 봉사직일 뿐이지 특권을 누릴만한 세도직은 아님을 알 수 있습니다. 오히려 주님은 말씀하시길 "너희 중에 누구든지 크고자 하는 자는 너희를 섬기는 자가 되고 너희 중에 누구든지 으뜸이 되고자 하는 자는 너희 종이 되어야 하리라"(마 20:26, 27)고 하셨습니다.

지체들의 특징

그리고 지체가 종류 따라 고유한 기능이 있고 특징이 있듯이 교회 제직들도 그러합니다. 바울 사도가 고린도 전서 12장에서 밝힌 특징들을 알아 봅시다.

(1) 하나의 몸에 여럿의 지체

"몸은 하나인데 많은 지체가 있고 …." (12)
"몸의 지체가 많으나 한 몸임과 같이 …." (12)

(2) 같은 공급, 다른 기능

"우리가 유대인이나 헬라인이나 종이나 자유자나 다 한 성령으로 세례를 받아 한 몸이 되었고 또 다 한 성령을 마시게 하셨느니라" (13)

"만일 발이 이르되 나는 손이 아니니 몸에 붙지 아니하였다 할지라도 이로 인하여 몸에 붙지 아니한 것이 아니요 … 만일 온 몸이 눈이면 듣는 곳은 어디며 온 몸이 듣는 곳이면 냄새 맡는 곳은 어디뇨 그러나 이제 하나님이 그 원하시는 대로 지체를 각각 몸에 두셨으니 만일 다 한 지체뿐이면 몸은 어디뇨 이제 지체는 많으나 몸은 하나라. 눈이 손더러 내가 너를 쓸데 없다 하거나 또한 머리가 발더러 내가 너를 쓸데없다 하거나 하지 못하리라" (15—21)

(3) 등급없는 평등한 지체

① "이뿐 아니라 몸의 더 약하게 보이는 지체가 도리어 요긴하고" (22)
② "우리가 몸의 덜 귀히 여기는 그것들을 더욱 귀한 것들로 입혀주며" (23)
③ "우리의 아름답지 못한 지체는 더욱 아름다운 것을 얻고" (23)
④ "우리의 아름다운 지체는 요구할 것이 없으니" (24)
⑤ "부족한 지체에게 존귀를 더하사" (24)

(4) 서로 돌보는 명콤비

"몸 가운데서 분쟁이 없고 오직 여러 지체가 서로 같이하여 돌아보게 하셨으니" (25)

(5) 고통도 함께, 영광도 함께

"만일 한 지체가 고통을 받으면 모든 지체도 함께 고통을 받고 한 지체가 영광을 얻으면 모든 지체도 함께 즐거워하나니" (26)

바울 사도의 통찰력은 정말 대단합니다. 그는 자기의 인체를 통해 엄청난 진리를 발견한 것입니다(성령님의 가르치심이긴 하지만). 그의 지적대로 머리나 몸은 하나지만 지체는 많은 것이 특징입니다. 두 개의 눈, 두 개의 귀, 두 개의 손과 두 개의 발, 그리고 한 개씩의 코와 입, 합하여 지체는 여럿입니다.

이와 마찬가지로

이와 마찬가지로 교회도 그러합니다. 머리되신 주님과 몸된 교회는 하나이지만 지체된 제직은 많습니다. 직분의 종류도 많고 직분자도 많습니다. 일의 능률을 위해서는 제직은 많을 수록 좋을 것입니다. 그리고 그 많은 지체가 한 몸에 붙어 있듯이 많은 제직 역시 한 몸인 교회에 소속해 있습니다. 무슨 직분이든 교회의 제직은 교회에서나 인정하는 직분이지 불신 사회에까지 통용되는 직분은 아닙니다. 교회를 떠나면 아무 것도 아닙니다.

또한 모든 지체가 한 몸에서 영양을 공급받듯이 모든 제직도 그러합니다. 영적 양식인 말씀이나 성령이 목사와 장로의 몫이 따로 있고, 집사와 권사의 양식이 따로 있는 것이 아닙니다. 목사든 장로든 집사와 권사이든 모두가 같은 말씀인 성경으로 살고 있고, 모두 한 성령으로 호흡합니다. 차이가 있다면 각기 고유한 기능이 다를 뿐입니다. 손 발이 모두 한 몸에 붙어서 같은 영양의 공급을 받아 존재하지만 하는 일은 다르듯, 제직도 그러합니다. 목사의 할 일이 따로 있고, 장로와 권사·

집사의 하는 일이 다릅니다. 이에 대해서는 다음 장에서 보다 더 구체적으로 설명하도록 하겠습니다.

우열 아닌 기능의 차이

그러나 그 기능이 다르다고 불평하지는 마십시오. 왜냐하면 그 직분은 기능상의 차이일 뿐이지 우열이 아니기 때문입니다. 고린도 전서 12:22-24절에 바울은 지체의 공평함을 너무나도 세밀히 기록해 놓았습니다.
보십시오.

"**약한 지체가** 더 요긴하고" (22)

아마 우리 몸의 제일 약한 부분은 눈일 것입니다. 자그마한 먼지 하나도 견디지 못하여 눈물흘리는 지체이니 말입니다.
그러나 눈이 보배라고, 눈이 얼마나 귀합니까? 사물을 분별함도, 하나님이 지으신 삼라만상(森羅萬象)을 바라볼 수 있음도, 무수한 장애물에도 부딪히지 않고 걸어다닐 수 있음도 모두가 눈 때문이 아닙니까? 어디 이뿐만이 아니지요. 사실인즉 우리 몸의 모든 지체의 활동을 가능하게 하는 것이 눈입니다. 약하다고 무시하지 마십시오. 눈 때문에 실족하지 않으니 말입니다.

"**또한 덜 귀히 여기는** 것들을 귀한 것들로 입혀주고 아름답지 못한 **지체는**

더욱 아름다운 것을 얻고" (23절)

우리 지체 중 덜 귀히 여기는 지체가 있다면 그것은 무엇이 겠습니까? 아마도 그것은 두 손 중 왼 손일 것이요 왼 손의 다섯 손가락에서 또 찾는다면 약지일 것입니다. 그리고 아름답지 못한 지체는 아마도 발바닥일지 모릅니다. 왜냐하면 발바닥은 매일 씻겨주어도 집에 가져오는 것은 고약한 냄새 뿐이니 말입니다. 그런데 사람들이 그것을 필요없다고 학대합니까? 아니지요! 오히려 별 소용도 없는 약지에 가장 사랑하는 분으로부터 받은 약혼 반지 또는 결혼 반지를 끼워 주고, 발바닥은 부드러운 양말에 가죽 구두를 신겨 드리고 있습니다.

"아름다운 지체는 요구할 것이 없고 부족한 지체에는 존귀를 더하사" (24)

부인들의 화장하는 것을 한번 자세히 보십시오. 죄없는 얼굴을 때리고 화장으로 포장을 하다시피 하지만 우뚝 솟은 코에는 별로 신경을 쓰는 것 같지 않더군요. 왜일까요? 아마 그것은 화장하지 않아도 스스로 잘났다고 우뚝 솟아 있어서일 것입니다. 잘난 코는 그대로가 예쁜 것입니다. 잘난 코에 연지를 바르겠습니까? 코거리를 달겠습니까? 그것은 오히려 흉칙하거나 볼썽사납게 할 뿐입니다. 그러나 부족한 지체는 어떻게 합니까? 더하는 것이 많지요. 짧은 귀밥에는 귀걸이를, 허전한 목에는 목걸이를, 시력 나쁜 눈에는 금테안경을, 작은 키에는 굽높은 구두를 …. 사실, 몸의 악세사리는 부족한 지체의 부족을 보완하기 위한 수단인 것입니다. 사도 바울의 예리한 통찰력에 감탄할 뿐입니다.

그런데 사도 바울의 이런 나열은 단순히 우리 몸의 지체를 설명하기 위함이 아닙니다. 바울은 이를 통해 주님의 몸된 교회의 지체된 제직을 설명하기 위함입니다.

참으로 신기합니다. 교회의 제직들도 눈여겨 통찰하여 보면 사도 바울이 인체에서 발견한 특징들을 그대로 발견하게 됩니다. 보십시오. 교회 안에서도 약하게 보이는 사람이 은혜 면에서는 더 요긴하게 쓰이는 사람이 있고, 봉사에는 별 비중도 없는 분들이 더 값진 은사를 받으며, 상처와 가시가 많은 분이 오히려 주님께 존귀히 쓰이는 일이 많습니다. 그런가하면 아름다운 지체는 요구할 것이 없다는 말씀대로 세상적으로 또는 현실적으로 부족할 것이 없고, 남보다 어떤 면에서 우월하다고 생각되는 분들에게는 특별한 은사가 주어지는 일이 거의 없습니다. 얼마나 공평한 주님입니까?

그러므로 잘났다고 우쭐대지도 말고, 못났다고 좌절하거나 불평하지 맙시다. 잘못하면 잘났다고 우쭐거림이 화근이 되기 쉽고 반면 못난 약점은 주의 은혜를 덧입을 수 있는 복이 될 수 있으니 말입니다. 바울이 남다른 은혜의 체험과 많은 은사를 받았음에도 불구하고 교만하여 넘어지지 아니하고 오래 오래 그 은혜를 간직할 수 있었던 비밀이 무엇인지 아십니까? 그 비밀은 그의 잘남이 아니라 그의 약함 때문입니다(고후 12:7-10). 그의 약함이 은혜를 담는 그릇이 되었고, 쏟지않는 겸손이 되었던 것입니다.

면류관이 없어서 살아난 노루

이런 동화가 있습니다. 간 밤에 단 잠을 자고난 노루 한 마리가 아침 산책겸 물을 마시려고 시냇가에 내려왔습니다. 마침 그 때 자기 옆에 사슴 한 마리가 있었습니다. 노루가 보기에는 사슴은 정말 멋있어 보였습니다. 얼룩무늬 가죽이며, 머리에 쓴 면류관이며 …. 그런데 물 속에 비췬 자기의 모습은 초라하기 이를데 없었던 것입니다. 얼룩무늬 옷도, 면류관도 없이 다리만 길쭉한 모습이 왠지 사슴 앞에서는 주눅이 들고 초라해 보였습니다. "맙소사, 하나님도 불공평하시지. 어찌 사슴은 비단 옷에 면류관이고, 나는 이 꼴로 지으셨단 말인가?" 그런데 탄식 소리가 끝나기도 바쁘게 "탕!"하고 사냥꾼의 총 소리가 들렸습니다. 총 소리에 놀란 노루나 사슴 할 것 없이 '걸음아, 날 살려라' 하고 산 속으로 도망질하였습니다. 그런데 노루가 한참 달리다 보니 따라오던 사슴이 보이지 않았습니다. 어찌된 영문인가 하고 뒤돌아 보았더니 아뿔사, 사슴의 잘난 면류관(뿔)이 등칡에 걸리고 만 것이 아닙니까?

그때서야 노루는 감사했습니다. "하나님께서 사슴같은 면류관(뿔)을 주시지 않았음을 감사합니다." 성경은 말씀하십니다.

"범사에 감사하라 이는 그리스도 예수 안에서 너희를 향하신 하나님의 뜻이니라" (살전 5:18)

우리는 면류관을 너무 탐하고 있지는 않습니까? 면류관은 이 땅에서 받는 것이 아니라 충성한 후 저 세상에서 주님께로부터 받는 것입니다. 명예를 탐하면 그것이 때로는 나를 부자유케 하고 죽이는 멍에가 됩니다. 그러나 직분을 멍에로 생각하며 충성하는 자에게는 그것이 장차 명예와 아름다운 면류관이 될 것입니다.

남 살리는 것이 내 사는 길

"또한 모든 지체가 서로 협력하여 몸을 돌보게 하셨으니" (25절)

　몸의 지체들을 보면 세상 그 어느 조직체, 어느 정밀한 기계도 따라올 수 없는 협동 체계를 잘 이루고 있습니다. 보십시오. 배가 고프면 입은 먹을 것을 요구하지요. 그러면 눈은 먹을 것을 찾고, 발은 그곳으로 몸을 옮겨주고, 손은 음식을 집어서 먹여줍니다. 어느 것 하나 다른 지체의 도움없이 혼자 제 기능을 발휘하는 지체는 거의 없습니다. 또한 내가 할 일이 아니라고 뒷짐지고 수수방관하지도 않습니다. 도움 요청없이도 서로 도울 일은 스스로 알아서 자발적으로 돕습니다.
　이 지체들을 가만히 보면 열심히 활동해도 자신만을 위해 활동하는 지체는 아무도 없습니다. 보십시오. 지체 중 아마 제일 바쁜 지체가 있다면 그것은 손일 것인데, 손은 매일 같이 바쁜 일정에 휴식 한 번 제대로 취해 볼 겨를이 없습니다. 이렇게 분주함에도 불구하고 하루 세 끼 식사 당번은 늘 손의 몫입니다. 불평없이 열심히 음식을 장만하지만 알고 보면 남 먹이려고 음식 장만할 뿐입니다. 차려 놓으면 입이 다 먹습니다.

　바쁠 때는 입이 자기 먹을 것 정도는 스스로 준비해서 먹으면 좋으련만 음식 장만은 고사하고 떠먹여 주지 않으면 먹는 것조차도 스스로 하지 않습니다. 참으로 불공평합니다. 그러나 여러분, 자세히 보세요. 입은 아무 일도 하지 않고 먹어만 치우는 무위도식(無爲徒食)꾼 같지만 사실은 입 역시 자기를 위해 먹는 것이 아닙니다. 먹을 때의 맛보는 재미는 있었겠지만 알고 보면 억센 음식을 위장이 잘 소화하도록 잘게 부수어 뱃속으로 공급하고 있을 뿐입니다. 입이 그토록 많이 먹어치우지만 많이 먹었다고 입이 살찐 경우가 있습니까? 아닙니다. 살은 몸에 붙고 몸에 살이 찔 수록 입은 오히려 작아질 뿐입니다. 그러므로 놀고 먹는 입같지만 사실은 위장의 소화를 돕고 있는 것입니다.

　그러면 위는 불로소득(不勞所得)으로 착취하여 혼자 즐기는 불의한 자입니까? 그렇지 않습니다. 위는 입을 통해서 들어온 각양의 음식들을 다시 분해·처리하여 장으로 이동시키고, 장은 분해된 음식물에서 영양분을 잘 선별하여 다시 우리의 손과 발이며 각 지체로 혈관을 통해 공급해 주고 있습니다. 다른 모든 지체도 마찬가지지요. 이로 볼 때, 모든 지체의 존재 이유는 다른 지체를 돕기 위한 것이요 또한 그것이 결국은 자기를 위한 길임을 알 수 있습니다. 즉 '남 돕는 것이 자기 돕는 길'입니다.

위 씨의 배짱

하루는 몸의 지체들이 긴급 회의를 소집하여 현안 논의를 하였습니다. 주제는 좀 건방진 위 씨(위장)를 혼내주자는 것입니다. 그도 그럴 것이 손과 발, 이목구비가 하루 종일 피땀 흘려가며 벌어 놓으면 위란 작자는 일할 때는 뒷 모습도 안보여 놓고 벌어놓은 양식은 혼자먹고 있단 말이지요. 먹어도 예의나 갖추고 먹으면 밉지나 않을 일인데, 무위도식하는 주제에 건방스럽게 비스듬히 누워서 "밥 떠 넣으시오, 국 떠 넣으시오." 한단 말이예요. 정말 불만스럽고 못봐 주겠다는 것입니다. 그래서 모두가 동감인지라 격론없이 쉽게 회의는 마쳤습니다. 결의한 내용은 "동맹 파업"이었고, 기간은 위 씨가 항복할 때까지였습니다. 의기양양하게 파업에 돌입했건만 이게 어찌된 일입니까? 1일, 2일, 3일이 되었는데도 조금도 항복할 기미가 보이지 않는단 말이예요. 4일, 5일이 지나자 항복받는 것은 고사하고 이제는 자신들이 죽을 지경이 되었습니다. 다리는 후들거리고, 손은 힘을 잃어 무기력하며, 눈은 동태 눈처럼 허멀겋게 되고, 입은 백태가 낄 뿐만 아니라 냄새가 나고, 위를 압박하려다가 자기들이 죽을 지경이 된 것입니다. 도저히 더 이상 참을 수 없는지라 합의 하에 동맹 파업을 풀었습니다. 그리고 항복하지 않는 위 씨의 배짱이 무엇인지 알고도 싶었습니다. 그래서 모두가 위씨를 집단 방문하여 묻기를 "위 씨, 우리가 식사를 제공하지 않는 날 수가 벌써 여러 날이 되었거늘 무슨 배짱이길래 항복하지 않소?" 하고 물었더니 위씨 왈 "제발 며칠만 더해 주십시오. 당신네들은 낮 동안 수고하면 밤 동안은 편히 휴식하거늘 나는 여러분이 진탕 먹여 놓으면 그것을 빨리 소화시켜 여러분들에게 영양을 공급해야 내일도 힘내어 일할 수 있는지라 나는 밤에도 휴식이 없었소. 태어나서 평생 처음 쉬어 보았는데, 쉬는 재미도 괜찮구려. 제발 비나니 며칠만 더 쉬게 해 주구려 …."

그제서야 다른 지체들은 자기들이 실수한 것을 깨달았습니다. 그리고 멀쑥해져서 사과하고는 돌아가 열심히 일하여 맛있는 음식으로 더욱 열심히 위 씨에게 먹였답니다.

목사와 교인의 차이

목사나 교인이나 똑같이 예수 믿는 자인데, 두드러진 차이가 무엇인가라는 질문에 혹자 대답하길 "교인은 내 것 바쳐가면서 신앙 생활하는 자이고, 목사는 남의 것 받아가면서 신앙 생활하는 자이다(?)"

사실 작은 교회일 수록 교역자에 대한 생활 부담이 적지 않습니다. 따라서 교인들의 부담 역시 클 수밖에 없구요. 세상 원리로 따진다면 불공평한 일입니다. '누구는 받아 가면서 신앙 생활하고, 누구는 드려가면서 해야 하는 …'

그러니 사실은 그것이 서로를 위하는 길이요 자신을 위하는 길입니다. 교인은 교역자의 육신의 문제를 책임져 주어야 교역자는 물질에 얽매이지 않고 영적 일에 전념해 교인들에게 신령한 양식을 잘 공급할 수 있는 것이요 교역자 또한 교인들의 영적 문제를 해결하며 잘 인도해야 교인들이 많은 복을 받아서 즐거움으로 헌금하고 사례에도 도움이 되는 것이지요. 분명히 기억합시다. 교역자이든 평신도이든 모든 직분은 마치 우리 몸의 지체들처럼 자기 자신을 위한 직분이 아니고, 모두가 다른 제직들을 위하고 협력하는 직분임을 말입니다.

"이와 같이 우리 많은 사람이 그리스도 안에서 한 몸이 되어 서로 지체가 되었느니라" (롬 12:5)

기쁨은 배로, 슬픔은 반으로

그리고 모든 제직은 봉사와 협력으로 끝나서는 아니됩니다. 26절에 의하면 동고동락도 해야 합니다.

"만일 한 지체가 고통을 받으면 모든 지체도 함께 고통을 받고 한 지체가 영광을 얻으면 모든 지체도 함께 즐거워하나니 …"

우리 몸의 지체를 자세히 관찰해 보십시오. 참으로 재미있고 신기하며 많은 교훈을 줍니다. 예를 들면 손이 병이 나서 아파하는데, 눈과 귀 그리고 입이 좋아라고 심술부리는 일이 없습니다. 복싱 선수가 싸워서 메달을 따게 된 공로는 분명히 손 발이지만 그 메달은 손 발이 아닌 목에 걸어줍니다. 그런데도 손 발이 목에 걸어주었다고 불평하거나 시비하지 않습니다. 우리 몸의 지체는 결코 그런 일로 시비하는 일이 없습니다. 몸의 어느 부분이든 병이 나서 아프면 눈은 병난 지체를 대신해서 눈물을 흘려주고, 입은 병난 지체를 대신해서 증상을 말해주며, 손은 재빨리 치료하기에 민첩합니다. 또한 반대로 어느 한 지체가 영광을 얻으면 모든 지체가 시기질투하지 않고, 함께 기뻐하고 즐거워합니다. 너무나 아름다운 조화를 이루며 삽니다.

우리는 모두가 주의 몸된 교회의 지체입니다. 바울 사도는 우리도 교회 생활을 함에 있어서 몸의 지체들처럼 그러해야 함을 가르치기 위하여 지체를 비유로 든 것입니다. 우리도 이렇게 신앙 생활합시다. 형제의 영광을 내 영광으로, 자매의 아픔을 내 아픔으로 수용하여 함께 기뻐하고, 함께 아파해 봅시다(25절).

이것이 진정 주님을 기쁘시게 하는 길이요, 우리 자신이 복 받을 일입니다. 옛 말에 "기쁨은 함께 나누면 배로 늘고, 슬픔은 함께 나누면 반으로 준다."고 하지 않았습니까?

우리는 지상에서만 한 교회의 형제 자매가 아니라 영원한 하늘나라에까지 가서 영원히 함께 살아야 할 영원한 공동 운명체입니다.

여러분의 마음은 어떠하십니까? 혹시 아직도 다른 형제가 아파할 때 쾌감을 느낄 때는 없습니까? 자매의 기쁨에 시큰둥할 때는 없습니까? 마땅히 없어야 되겠지만 그것은 주님이 주신 마음이 아닙니다(약 3:15-16). 동고동락의 마음이 일어나기까지는 차라리 제직을 그만두는 편이 나을지도 모릅니다. 왜냐하면 이런 마음이 있는 한은 봉사하는 동안 시험만 받을 것이니 말입니다. 그러나 이미 제직이 되셨거든 이 마음을 고쳐 달라고 주께 기도합시다.

지체들의 고유한 기능들

제직의 사명이란 많은 설명이 필요하지 않습니다. 모든 지체가 몸을 위해 있듯이, 제직 또한 몸된 교회를 위해 있습니다. 그러므로 모든 제직은 몸된 교회에 유익을 줄 수 있어야 합니다.

그러나 지체의 궁극의 목적이 몸을 돌보는 것이긴 해도 기능이 각기 다르듯, 교회의 모든 제직도 마찬가지입니다. 교역자의 하는 일이 따로 있고, 장로의 하는 일이 따로 있으며, 집사·권사의 하는 일이 따로 있을 뿐만 아니라 하는 일도 서로 다릅니다.

여기에 대한 분명한 한계를 모르게 되면 본의 아니게 월권이나 태만죄에 빠지게 되고, 때로는 질서의 혼란과 본의 아닌 시험에 들게도 되는 것입니다.

"맡은 자들에게 구할 것은 충성"(고전 4:2) 이란 말씀대로 나를 충성되이 여겨 귀한 직분을 주신 주님께 충성을 다 해야겠지만 열심만 낸다고 다 충성은 아닙니다. 충성의 전제는 자기 맡은 일부터 아는 것이 충성입니다. 직분에 따라 맡은 일을 구분한다면 다음과 같습니다.

- 목사 : ① 말씀 선포 ② 성례 집행 ③ 교인 치리 ④ 교인 축복 ⑤ 중보 기도 등
- 장로 : ① 목사 협력 ② 교인 치리 ③ 교인 신앙 지도 ④ 교회 재정 담당
- 집사 : ① 교회 봉사 ② 헌금 수납 ③ 구제 ④ 안내 등 잡무

• 권사 : ① 심방 ② 교우 위로 ③ 기도 등

　지체가 제직이라 했으니 이를 지체와 연관지어 본다면 목사는 말씀 전함과 교인 축복함이 주된 임무이므로 입과 같다 할 수 있겠고 또한 머리되신 주님과 몸된 교회(성도)의 중보적 위치로 본다면 머리와 몸을 이어주는 목과 같다 하겠습니다.
　또한 장로는 교인들을 감독하고 신앙을 지도하는 직분이므로, 그런 의미에서 살피는 눈이라 할 수 있습니다. 때로는 장로를 교회의 기둥이라 하는데, 이는 아마 목사에게 협력하고 교회 짐을 지는 의미에서 붙인 별명이라 생각됩니다. 그런데 몸의 기둥은 척추이니 장로는 신령한 의미에서 교회의 척추라 할 수 있겠습니다. 또한 집사는 글자 그대로 일하는 봉사자이므로 일하는 손이라 할 수 있으며, 권사는 교인들 가정을 심방하며 무릎꿇어 기도하는 직분이므로 발이라 할 수 있고, 심방 중 교인들의 여론을 수렴하여 목회자에게 보고해야 하므로 여론을 듣는 교회의 귀라 할 수 있겠습니다. 좀 억지같은 짝짓기라 생각할지 모르지만 여기에 제직의 고유한 기능과 자격 그리고 봉사의 자세에 대한 엄청난 비밀이 숨겨져 있는 것입니다.

형제 연합은 기적을 가져오고

　마가복음 2장의 기록에 의하면 예수님께서 가버나움에서 병자들을 치료하실 때 네 사람이 한 중풍병자를 메고 고침받으러 오는 사건이 있습니다. 사람들이 너무 많아 예수님께 접근이 용이치 않자 아예 지붕을 뚫고 중풍병자를 상에 달아 내렸습니다. 그때 예수님께서는 저희의 믿음을 보시고 고쳐 주셨습니다. 그런데 학자들 간에는 그 믿음이 누구의 믿음이냐고 해석이 분분합니다. 혹자는 '병자의 믿음이다', 혹자는 '병자를 메고 온 네 사람의 믿음이다', 혹자는 '모두의 믿음이다'. 그러나 필자는 여기에 대한 어떤 결론을 내리고자 본문을 인용한 것은 아닙니다. 그런데 마태복음 8장의 백부장의 하인을 고친 기사나 15장의 가나안 여자의 딸 아이를 고치신 기사에서는 모두가 당사자가 아닌 백부장 또는 딸 아이의 어미의 믿음을 보시고 병을 고쳐 주신 것을 보면 마가복음 2장의 중풍병자의 치료도 제 삼자인 중풍병자를 메고 온 네 사람의 믿음이었다고 해도 무리는 아닐 것 같습니다. 그렇습니다. 기적을 체험하는 일은 본인의 믿음은 물론이려니와 이렇게 형제가 연합된 곳에 있음이 성경의 진리입니다(시 133편 ; 마 18:19-20).

하나님은 형제가 연합하여 동거함을 기뻐하시고, 주님 또한 형제 연합을 원하셨으니 우리도 교회 생활에 있어서 연합된 모습으로 주님을 섬겨야 합니다(요 17:20-23, 마 5:21-26).

필자가 시무하는 교회에서 이와 유사한 경험을 한 일이 있어서 은혜가 될 것 같아 간증의 글로 실어 보려고 합니다. 결코 사람을 자랑하기 위한 것이 아니니 독자들의 이해부터 먼저 구하는 바입니다. 내용인즉 사랑과 협력이 하나님의 기적을 가져온다는 이야기입니다.

벌써 수 년이 지나간 일이긴 합니다만 본 교회에 사업을 하시는 장로님 한 분이 계시는데, 감당할 수 없는 부도를 당하게 된 적이 있으십니다. 그렇지 않아도 경영상 어려움이 많은 사업이었는데, 설상가상(雪上加霜)으로 수 억의 부도까지 났으니 영세 기업으로서는 도저히 다시 일어날 수 없는 형편이었습니다. 돌아오는 어음을 더 이상 결재할 수 없어서 하는 수 없이 가족 회의에서 파산을 결정하고 집으로 돌아온 것입니다.

　장로님의 형편을 익히 잘 아는 저로서는 매일같이 안절부절하면서 기도하여 왔던지라 오늘은 어떠하셨는가(?) 궁금하여 전화를 하였더니만 말이 아니었습니다. 파산을 선언한 괴로운 심정도 심정이려니와 하필이면 부도가 난 가장 큰 원인 재공자가 같은 직분인 장로(타 교회)였던지라 원망과 분노는 더 컸던 것입니다. 황급히 다른 장로님들에게 연락하여 위로차 가정을 방문하였는데, 차마 인간으로서는 어떻게 위로를 해야할지 오히려 우리가 당사자보다 더 좌불안(座不安)이었습니다. 사시는 집마저 은행 담보로 몇 군데나 설정되어 거할 집은 고사하고 수저 하나 건지지 못할 형편이라는 것입니다. 이런 형편에 교회도 갈 수 없고, 장로 노릇도 할 수 없다는 것입니다. 사업만 파산한 것이 아니라 신앙도 함께 파산을 선고하시는 것이었습니다. 필자는 나름대로 더 미안한 것이, 교우들이 어려움을 당하면 공연히 교역자가 큰 죄나 지은 것 같은 심정이기노 하지만 필자는 장로님이 이미 수 개월 전에 파산해야 할 것 같다는 상담을 하였을 때 만류를 했기 때문입니다. 면전에서 저를 욕하거나 원망은 하시지 않으셨지만 저로서는 황당하기 이를데 없었습니다.

　그런데 이상한 것은 그때에 하나님께서 담력과 지혜의 말씀을 주셨습니다. 필자는 감동주심을 따라 단호히 그리고 담대히 말했습니다. 그 날 나눈 이야기를 대강 정리하면 다음과 같습니다.

목사 : "장로님, 장로님의 하나님은 돌아가셨습니까? 왜 그렇게 낙담하십니까?"
장로 : "목사님, 앞으로 10년을 벌어도 부도난 만큼을 벌 수도 없고 또한 토요일인 오늘도 사력을 다해 어음을 처리하여 놓았는데, 은행에서 연락오길 오늘 마감한 수표 가운데서 또 부도난 수표가 있다고 연락이 왔으니 어떻게 감당한단 말입니까? 이젠 도저히 더 이상 어찌 할 수가 없습니다."
목사 : "천만의 말씀입니다. 하나님이 하실려고 하면 1년 만에라도 그 빚 다 갚을 수 있습니다. 염려하지 말고 하나님께 맡깁시다. 당장 부도난 수표 문제는 주일을 지나서 월요일에 저도 도와드릴테니 힘을 내십시오."

목사가 무슨 돈이 있겠습니까만 그때 마침 성전을 짓고 부채가 아직도 좀 남았던지라 저도 빚 청산에 동참하고자 은행 돈을 빌려놓은 것이 좀 있었습니다. 별 도움이 될만큼의 돈은 아니지만 제게는 적은 돈이 아니었습니다. 만일 받지 못한다면 아마 1년치의 생활비는 고스란히 쓰지 않고 갚아야 할 돈이었습니다. 그러나 필자는 그때 이렇게 생각했습니다. '설령 장로님 사업이 망해서 그 돈을 못 받게 되면 안받으리라. 주님은 우리를 위해서 셀 수 없는 빚(죄)도 생명을 버려가면서 갚아

주셨는데, 목사가 장로를 위해서 이 정도의 십자가도 못져서야 되겠는가. 다시 일어나지 못하여 못받게 되면 받지 않으리라'는 각오를 하였습니다. 그랬더니 함께 가신 장로님 역시 당신도 현재의 형편이 어렵지만 월요일 아침 일찍 거래처를 다니면서 되는대로 도와드리겠다는 것이었습니다. 참석 못한 장로님도 2~3일 후면 당신도 얼마의 돈은 가능하다는 연락이 왔고요. 당사자인 장로님에겐 이 정도의 도움으로는 근본 해결에는 어림도 없는 일이지만같은 당회원들의 격려가 고마웠던 모양입니다. 다음 날이 주일인데 교회를 나오셨습니다. 늘 목사의 말을 하나님 말씀처럼 믿고 순종하던 분이라 이런 극한 처지에서도 목사의 말을 믿었던 모양입니다. 약속대로 주일을 지나 다음 날인 월요일에 저도, 또 다른 장로님도 돈을 만들어 가져다 드렸습니다. 그런데 신기한 것은 그때부터 기적이 일어나게 된 것입니다. 벌써 그 당일에 부도를 처리할 수 있는 일들이 일어나게 되고, 장로님 내외 분은 그날부터 교회에서 밤을 세워가며 기도를 하였습니다. 그랬더니 정말 여호와 이레의 역사가 일어났습니다. 노력한 것도 아닌데 국가를 상대하여 물품을 납품하는 마진좋은 사업이 장로님에게 굴러(?)오다시피 돌아오게 된 것입니다. 정말 목사의 말대로 1년 내에 부도난 액수는 거의 다 갚게 되고, 이제는 사업이 든든한 반석 위에 세워진 것입니다.

물론 행한 대로 갚아 주시는 하나님인지라 복받을 일을 많이 하신 까닭이기도 하지만 필자는 이렇게도 생각해 보는 것입니다. "형제 연합 있는 곳에 하나님의 기적도 있다고 …"

흐뭇한 이야기가 아닙니까? 저나 동행한 장로님이나 망한 사람에게 얼마의 동정은 해줄 수 있을지 모르지만 누가 망하는 기업에 돈주는 어리석은 짓을 하겠어요. 필자는 필자가 한 일이지만 그리고 나중에 돈을 되받았기 때문에 모처럼 주님께 상받을 일이 무위로 돌아가 버리긴 하였습니다. 그러나 당시의 일을 지금도 생각해 보면 마음이 흐뭇하며 이를 목격한 하나님께서도 아름답게 보시고 기뻐하셨을 것입니다. 그래서 약속대로 내려 주신 은혜가 아닌가 생각합니다.

이렇게 하나님의 기적은 소망하는데 있는 것이 아니라 형제가 연합하여 화목하고 동고동락하는 곳에 임하는 것이 하나님의 약속입니다. 그래서 필자는 집회를 가는 곳마다 이 간증과 더불어 최용덕 형제가 지은 "나의 등 뒤에서 나를 도우시는 주"라는 복음성가의 노래 중 후렴을 수정하여 이렇게 가르치며 부르고 있습니다.

    (1) 목사님 일어나세요 주님이 새힘 줍니다.
        목사님 힘을 내세요 나도 돕겠습니다.
    (2) 사모님 일어나세요 주님이 새힘 줍니다.
        사모님 힘을 내세요 나도 돕겠습니다.
    (3) 장로님 일어나세요 주님이 새힘 줍니다.
        장로님 힘을 내세요 나도 돕겠습니다.
    (4) 집사님 일어나세요 주님이 새힘 줍니다.
        집사님 힘을 내세요 나도 돕겠습니다.
    (5) 권사님 일어나세요 주님이 새힘 줍니다.
        권사님 힘을 내세요 나도 돕겠습니다.

(6) 권찰님 일어나세요 주님이 새힘 줍니다.
　　 권찰님 힘을 내세요 나도 돕겠습니다.
(7) 교사님 일어나세요 주님이 새힘 줍니다.
　　 교사님 힘을 내세요 나도 돕겠습니다.

"형제가 연합하여 동거함이 어찌 그리 선하고 아름다운고 머리에 있는 보배로운 기름이 수염 곧 아론의 수염에 흘러서 그 옷깃까지 내림 같고 헐몬의 이슬이 시온의 산들에 내림 같도다 거기서 여호와께서 복을 명하셨나니 곧 영생이로다" (시 133:1—3)

4
섬김의 도

입은 생각의 대변자

　컴퓨터에 담긴 정보는 문자를 화면에 띄워야 내용을 알 수 있습니다. 이처럼 머리 속에 있는 상대방의 생각도 그 사람의 입으로 나오는 소리를 듣지 않고는 알 수 없습니다. 그러므로 상대방의 머리 속에 있는 지식이나 사상 또는 의중을 알려면 상대방의 입에 귀를 기울이고 말을 들어야 합니다. 그렇게 하지 않고는 상대방의 머리 속에 있는 정보를 알 길이 없기 때문입니다. 그런 의미에서 입은 생각의 대변자 또는 머리의 대변자라 할 수 있습니다.

　그러면 머리의 생각은 무엇입니까? 이는 머리되신 주님의 뜻과 계획 또는 섭리를 의미합니다. 생각이 입을 통해서 전달되듯이, 주님도 우리를 향하신 당신의 뜻 또는 하시고자 하는 말씀을 당신의 대변자인 종들을 통해서 말씀하십니다. 주님은 결코 당신이 세운 종들을 제쳐 놓고 말씀하거나 일하지 않으십니다(암 3:7).
　그러므로 주의 종들은 주님의 입과 같은 것이요 주의 백성들은 오늘 우리에게 주시는 주의 음성을 듣기 위해서는 주님의 입인 설교자들의 말씀에 귀를 기울이지 않으면 안됩니다. 설교는 주의 종들이 주께로부터 받은 고유한 특권이며, 이 시대에 우리에게 주시는 주님의 음성입니다. 주의 종들이 귀중한 것은 인격이 훌륭해서 중요한 것이 아니라 맡은 일이 중요하기 때문입니다.

뿐만 아니라 주의 종들도 주님의 대언자인 만큼 종들 역시 설교를 함에 있어서 그 설교가 말씀이 아닌 잠꼬대나 헛소리가 되지 않도록 유의해야 합니다. 헛소리와 잠꼬대도 입을 통해서 나오는 소리이긴 하지만 머리의 생각과 관계없이 지껄인 말이기 때문에 정상적인 말로 취급을 받지 못하는 것입니다. 즉 설교가 머리되신 주님의 말씀이 아닌 설교자 개인 또는 사람의 지식이나 사상의 전달이라면 또는 비록 성경을 전했다 할지라도 주님의 뜻과 관계없이 전하였다면, 죄송하게도 그 말씀은 메시지가 아닌 헛소리 또는 잠꼬대가 될 수도 있는 것입니다.

그러므로 설교자는 내가 전하는 말씀이 잠꼬대나 헛소리가 되지 않기 위해서라도 "성령이 교회들에게 하시는 말씀"을 먼저 들을 줄 아는 훈련이 필요한 것입니다(계 2:7).

그리고 또 하나는 설교자가 자신의 말이 아닌 머리되신 주님의 대변자라면 누가 전하든 말씀의 내용은 동일한 말씀이어야 합니다. 담임 목사가 전하든 부목사가 전하든 메시지의 통일을 이루어야 한다는 말씀입니다. 특히 한국 교회의 교단 분리나 교회 분당의 원인이 많은 경우에 있어서 강단의 메시지에서 비롯되고 있음을 감안할 때, 메시지의 통일성은 더욱 이루어져야 합니다. 예컨대 낮 예배 시에 담임 목사는 복음적인 설교를 하였는데, 부교역자는 밤 강단에서 자유주의적인 설교를 한다든지, 담임 목사는 목회 방침에 따라 한달 동안 전도에 대한 말씀을 전하고 있는데, 밤 시간을 맡은 부교역자는 다른 메시지를 전하고 있다면, 물론 듣는 교인들의 입장에서는 말씀의 다양성으로 인해 더 큰 은혜를 받을 수 있는 장점도 있지만 잘못하면 '배를 산으로 모는' 위험성 또한 적지 않음을 알아야 합니다. 즉 교역자 간에 신앙과 목회 철학이 지나치게 상이한 경우는 교인들에게 은혜의 다양성보다는 신앙의 혼선과 갈등을 줄 수 있는 위험성도 있고, 실제로 이런 일로 인하여 교회가 담임 목사 편, 부목사편으로 갈라서기도 하고, 심지어는 분당되는 일들도 적지 않은 것입니다. 물론 부교역자의 자질 문제일 수도 있지만 그보다는 강단을 맡기는 담임 목사의 테크닉(?)이 더 큰 문제일 수도 있다고 할 것입니다. 교인들의 신앙을, 목회자가 지향하는 그 어떤 목적지로 이끌기 위한 설교를 한다면 결코 무계획하게 설교해서도 아니될 뿐더러 메시지의 방임 또한 허락할 수 없을 것입니다.

또 하나 주의해야 할 일이 있습니다. 그것은 입을 깨끗이 하는 일입니다. 왜냐하면 입이 더러우면 듣는 자에게 불쾌감을 주기 때문입니다. 똑같은 내용의 말씀일지라도 전하는 자의 입이 더러워 냄새가 나면 듣는 사람이 불쾌해 하거나 바로 듣지 않게 되는 것입니다. 그러면 입이 깨끗해야 된다 함은 무엇이겠습니까? 그것은 다른 것이 아니라 설교자의 성결을 의미합니다. 목회자도 인간이기 때문에 완전무결할 수는 없는 것이지만(롬 3:10) 교인들은 자기네들은 그렇게 못살아도 교역자에게만은 자기네들 이상의 도덕적 성결을 요구하고 있는 것입니다. 그리고 설교자의 도덕적 행위 문제와 하나님 말씀과는 엄격하게는 무관한 것이지만 듣는 자는 그렇게 생각하지 않습니다. 설교자의 인격이 무시되면 그의 입으로 전하여지는 말씀

또한 무시되는 것이 현실인 만큼, 설교자는 하나님의 말씀이 무시당하지 않게 하기 위해서라도 범사에 조심하지 않을 수 없는 것입니다. 그러므로 직분의 정통성과 인격의 도덕성에 허물이 되지 않도록 조심해야 합니다.

몸의 중보자는?

중보자(中保者)란 이어주는 연결 고리입니다. 너와 나를 맺어주는 자가 중보자입니다. 왜 예수님을 중보자라 합니까? 하나님과 인간을 맺어주는 분이시기 때문입니다. 죄로 원수되었던 관계를 십자가로 막힌 담을 허시고 하나되게 하셨습니다 (엡 2:13-16). 하나님은 예수님을 통해서 인간에게 다가와 주시고, 우리는 예수님을 통해서 거룩하신 하나님께 나아가서 뵈옵는 것입니다. 그러므로 예수님은 신인(神人)의 만남의 장소요 가교(架橋)입니다(요 17:23). 그래서 예수님을 중보자라 하는 것입니다.

그런 의미에서 본다면 몸의 중보자는 목입니다. 머리와 몸은 목을 통해서 연결되고, 입에서 먹는 음식이든 코로 들이키는 공기든 목을 통하지 않고는 몸은 아무 것도 얻을 수 없습니다. 그러므로 목은 몸의 중보자입니다.

그러면 머리되신 주님과 몸된 교회(성도)를 이어주는 중보자는 누구일까요? 두 말할 필요없이 교역자입니다. 교역자란 어떤 때는 주님 편에서, 어떤 때는 교인의 편에서 일하는 자입니다. 주님의 말씀을 전달하고, 교인을 축복하며, 치리를 하고

…. 이는 주님이 하실 일입니다. 그런가하면 때로는 교회와 교인들의 필요한 것을 가지고 주님께 나아가 주께 아룁니다. 신약 시대는 만인제사장(요 14:13, 14) 시대여서 어느 누구나 직접 주님께 나아갈 수도 있으나(히 4:16) 기도나 회개 또는 헌신 외에는 세운 종들을 통하지 않고는 불가능합니다(계 1:1 ; 행 18:9, 10). 이런 의미에서 교역자는 교회의 머리되신 주님과 몸된 교회(교인)를 이어주는 중보자인 것입니다.

살피는 눈

눈은 살피는 지체입니다. 눈이 밝아야 바로 보고, 바로 지도할 수 있습니다. 교회 안에서도 보살펴야 할 것이 많이 있습니다. 교인의 신앙과 영적 상태며, 기관 기관마다 사탄이 개입하지 않도록 그리고 은혜로운 분위기 조성을 위해서는 꾸준한 보살핌이 있어야 하는데, 이를 위해서는 눈이 필요한 것입니다.

눈의 기능은 누가 담당하는 것이 효과적일까요? 모두가 함께 보살펴야 하겠지만 그래도 적격자는 감독의 사명을 가지고 있는 장로님들이 담당함이 제 격일 것입니다. 장로님들은 대개가 각 기관을 감독하는 분들이니 말입니다.

그리고 감독을 잘 하기 위해서는 눈이 밝아야 합니다. 감독하는 담당 기관에 대해서는 분위기만 보아도 상태를 파악하고 읽을 수 있는 소위 영적감별사(靈的鑑別師)가 되어야 합니다.

기둥의 조건

장로를 일컬어 흔히들 교회의 기둥이라고도 하는데, 아마 그것은 교회 안에서 중추적 역할을 감당하는 자란 의미에서 붙인 이름일 것입니다. 기둥의 사명은 정말 귀합니다. 건물의 균형을 유지할 뿐만 아니라 육중한 지붕을 지탱해야 합니다. 정말 장로님들의 수고가 적지 않습니다. 그만한 자격을 갖추었기 때문에 세운 직분이긴 하지만 장로는 교인들에게 신앙의 본을 보이기 위해서라도 열심히 해야 하는 것이요 어려워도 때로는 과중한 짐을 지게도 되며, 문제가 생기면 앞장서서 책임지는 것이 장로의 직분입니다.

어떻게 보면 돌아오는 것은 없으면서도 짐만 떠맡는 것이 장로의 직분일지도 모릅니다. 그러므로 장로 직분 역시 사명감과 하나님이 주시는 능력없이는 감당할 수 없는 어려운 직분입니다. '기둥을 바로 알면 장로가 보인다'고나 할까?

• 기둥의 첫째 조건은 곧아야 합니다. 하리는 좀 굽어도 건물 유지에 큰 지장이 없습니다만 기둥이 굽으면 큰 일입니다. 굽은 기둥 하나 때문에 집 전체가 허물어질 수도 있으니 말입니다. 그래서 기둥을 세울 때는 나무 중에서도 가장 곧게 자란 나무를 선택하고, 먹줄로 퉁겨가면서 반듯하게 다듬으며, 기초석 위에 세울 때에도 추를 통해서 곧게 세웁니다. 그토록 기둥의 책임이 크기 때문입니다.

• 둘째는 기둥은 든든해야 합니다. 든든하지 못하면 아무리 곧은 나무라 할지라도 육중한 지붕을 버티어 나갈 수 없기 때문입니다. 그래서 기둥감 될만한 나무는 곧은 것과 더불어 추

운 겨울에도 자라는 사철 나무 중에도 아주 단단한 나무를 선택하는 것입니다. 솔로몬이 하나님의 성전인 예루살렘 성전을 건축하면서 성전 기둥과 중요한 목재는 모두 레바논의 백향목을 수입하여 사용하였는데(삼상 5:6), 그것은 백향목이 곧게 자라고 단단하기 때문입니다.

• 셋째는 기둥은 무거운 짐을 버티고 있지만 벽 속에 묻혀 흔적이 있는 둥 마는 둥 합니다. 중요하다 하여 너무 불거져 나오면 시야 방해가 될 수도 있고, 전혀 흔적이 보이지 않으면 좌불안이 될 수도 있는 것입니다. 그래서 기둥의 위치는 벽 사이 사이드(side)에 자리잡고 보일 듯 말 듯 흔적만 약간 보여주고 있는 것입니다. 기둥같은 장로! 그렇다면 장로도 그러해야 되지 않을까요?

젖은 엄마에게, 모방은 형아에게

자녀들을 키워보면 재미있는 것이 있습니다. 정상인지 비정상인지는 모르겠으나 한 가지 분명한 것은 아이가 젖은 어미 젖을 먹으며 양육 받으면서도 언행의 모방은 형을 따르게 된다는 사실입니다. 형이 욕을 하면 따라서 저도 욕을 하고, 형이 노래하면 의미도 모르나 따라서 하고 …. 그래서 둘째, 셋째의 유아 교육은 첫째만 잘하면 되는 것입니다.

그런데 이상한 것은 교우들이 꼭 그러하더라구요. 목사가 아무리 교육을 잘 시키며 신앙의 본을 보여도 교역자를 모방하는 교인들은 거의 없습니다. 교역자가 십일조나 새벽 기도를 하지 않으면 흉을 보는 자는 많아도 그것을 잘한다고 칭찬하고 따르는 자는 아무도 없습니다. 그것은 교역자이면 으레 하는 것으로 생각하기 때문일 것입니다. 그러면 어디 누구에게서 배우고 모방을 삼는가? 장로입니다. 즉 교육은 교역자에게 받아도 모방은 장로에게서 받습니다.

그렇기 때문에 장로의 일거수(一擧手) 일투족(一投足)은 참으로 중요합니다. 목사의 설교도 중요하지만 그 설교에 장로가 따라 주지 않으면 목사의 설교는 허공을 맴돌 뿐입니다. 목사의 설교가 교인들에게 얼마나 영향을 미치느냐의 기준은 장로님들이 얼마나 설교를 은혜롭게 듣고 앞장서서 실천하느냐에 있는 것입니다.

한 교회의 교인들의 영적 수준은 담임 교역자의 수준을 능가하기 어렵고, 그 교회 교인들의 신앙 생활의 질은 앞선 장로의 질을 앞서기가 어려운 것입니다. 교인들을 순종하는 양으로 만들 수도 있는 분이 장로요 대적하는 염소로 만들 수도 있는 분이 장로입니다. 장로의 위치가 이렇게도 중요합니다. 위치가 중요한 만큼 장로는 타인의 신앙을 위해서라도 모범된 신앙 생활을 해야 하는 것이며, 목사의 설교를 앞장서서 실천해야 할 의무가 있는 것입니다. 그리고 곧은 기둥처럼 신앙도 바르고, 생활도 바르고, 매사가 믿고 따를 만한 신앙의 표상이 되어야 합니다. 또한 장로 피택의 기준이 세례교인 30명 당 1명을 뽑는데 필자는 이렇게 해석합니다. "장로는 한 사람이 30명 몫을 감당해야 한다(사견임)."

최후까지 남아있는 옛 신전의 기둥들

　외국을 여행해 보노라면 허물어진 옛 신전들을 종종 구경할 때가 있습니다. 지붕이며 벽은 다 허물어져 어디로 갔는지 그 흔적을 도무지 찾아 볼 수 없는데, 허물어진지 수 백 년은 된 듯 하건만 기둥만은 여기가 옛 신전이었다고 일러주듯 우뚝 서있는 것을 볼 수 있습니다. 이런 것을 보면서 깨닫는 것은 옛날 사람들도 기둥의 귀중성은 알았던지라 '기둥만큼은 정성스레 세웠구나' 하는 생각을 하게 됩니다.

　장로가 기둥일진대 장로 선택에도 이런 배려가 필요하다고 봅니다. 장로 선거시 후보 요건이 다른 직분보다는 좀더 까다로운데, 이는 장로의 직분이 그만큼 중요하기 때문입니다. 그리고 장로는 일단 피택 되었으면 그 교회에 뼈를 묻겠다는 결심을 해야 합니다. 신전의 기둥처럼 말입니다. 사사로운 감정에 치우침이 없이 다 떠나도 나만은 교회를 지키겠다는 굳은 결의가 있어야지 장로가 어떤 시험이나 풍파가 있다고 해서 그것을 피하여 자리를 뜬다면 이미 그는 스스로 장로직을 포기한 것입니다. 장로가 외국으로 이민을 갔거나 교인들 앞에 설 수 없을 정도로 권위에 손상을 입었거나 또는 교회나 자신에게 특별한 유익이 되지않는 피치 못할 일이 있을 경우 그리고 주님의 부르심을 받아 하늘나라로 가시는 일 또는 불가피한 경우를 제외하고는 교회를 옮겨서는 아니됩니다. 왜냐하면 주님이 장로를 세우신 것은 모든 교회를 위해 세운 것이 아니라 그 교회만을 위해서 세웠기 때문입니다.

기둥의 위치

그리고 또 한 가지의 덕목은 큰 일을 감당하면서도 자신을 나타내지 말고, 교인에 묻혀 있는 듯 마는 듯 하는 겸손입니다. 모든 일에 앞장서야 되겠지만 의도적으로 장로가 너무 앞서거나 교회 안에서 목소리를 높이면 안됩니다. 지나친 돌출이 목회자의 소신과 활동을 위축시킬 수도 있고, 교인들로 하여금 방관자로 만들 수도 있기 때문입니다.

건물의 기둥을 보십시오. 몸의 기둥인 척추도 보십시오. 그들의 위치는 사이드(side)이거나 보이지 않는 뒷편(back)입니다. 그리고 약간의 흔적만 보일 듯 말 듯 나타내고 전체를 내보이지 않습니다. 기둥이 방의 한가운데 또는 척추가 몸통 앞부분에 돌출해 있다고 생각해 보십시오. 그렇게 되면 기능의 중요성 못지않게 장애물도 될 수 있는 것입니다. 교회의 장애물이 되는 장로가 되어서야 되겠습니까?

사랑하는 장로님들이여! 지금 교회에서 장로님들의 위치는 어디인지 확인해 보십시오. 기둥의 위치인 사이드나 뒷자리가 아니라 앞자리를 좋아하고 너무 돌출 행동을 하시지는 않는지요? 제 위치로 돌아가십시오. 이것이 머리 되신 주님과 몸된 교회를 위하는 길이요 더 나아가선 자신을 위하는 길입니다.

장로하기 이렇게 쉬운걸 …

지금 한국 교회는 물론이요 세계적 이목이 집중되고 있는 서울의 어느 교회, 이는 모든 목회자의 관심사요 장로님들 또한 예외가 아닙니다. 그러길래 그 교회 담임 목사를 만나는 목회자들의 하나같은 질문은 "교회부흥의 비밀이 무엇입니까?"입니다.

어느 장로들의 모임에 그 교회의 선임 장로가 참석한지라 장로님들의 질문 역시 "당신 교회 부흥의 비밀이 무엇이냐?"였습니다. 그 장로님의 대답인즉 "많은 분들이 장로하기 힘들어 하고 심지어는 장로된 것을 후회하는 분들도 있는 모양인데, 저는 장로하기가 이렇게 쉽고 복된 직분인지 몰랐습니다. 우리는 담임 목사님이 하자 하면 '예'하고, 명령하면 순종만 합니다. 우리 교회는 '예'만 있고 '아니오'가 없습니다. 명령하면 '예'하고 '기도하고 헌신하니 교회는 부흥되고, 우리는 복 받고, 이것 뿐입니다.' 이것이 우리 교회 부흥의 비결인 것 같습니다."

혹시 귀 장로님은 교회 일로 인해 괴로워하고 갈등을 겪으며 장로된 것을 후회하고 있지는 않습니까? 장로 직분 감당하기 어렵다고 괴로워하고 있지는 않습니까? 또는 교회 일로 목회자와 격론하고 시비하지는 않습니까?

내버려 두십시오. 엄격히 교회 일은 그 분들의 영역이니까요. 당치도 않는, 안될 일을 하시기 때문이라고요? 그래도 싸워서 분위기 깨뜨리기 보다는 낫습니다. 경험이란 그런 시행착오의 과정을 통해서 쌓이게 되는 것이며, 그래도 사람은 짐승보다는 지혜로워서 한 번 실수했던 것을 두 번 다시는 되풀이하지 않을테니까요. 그리고 하나님은 때때로 도무지 사람의 계산으로는 불가능한 일을 맡기실 때도 있지만 일단 믿고 따르다 보면 기적적으로 이루어지는 것을 볼 때도 있지 않습니까? 기적이란 다른 것이 아니에요. 사람의 불가능한 일을 하나님이 이뤄주시는 것이 기적이에요. 그리고 순종의 결과입니다. 이 다음 하늘나라 가면 장로님들에게는 주님께서 교회 부흥 못시켰다고 책망하시지는 않을 것입니다. 왜요? 그것은 장로님들의 몫이 아닌 목자들의 몫이니까요. 그러나 단 한 가지 책망받을 일이 있다면, 그것은 목회자들에게 협력하지 않고 불순종한 일일 것입니다. 왜요? 그것이 장로님들의 할 일이었으니까요. 충성은 열심이기도 하지만 그 열심이 과욕이 되지 않도록 조심하십시오. 과욕은 분수를 지나치게 하고, 한계를 넘어 월권에 이르게 되면 갈등과 마찰은 필연적이지요.

혹시라도 이 책을 읽으시는 장로님이 목회자와의 관계가 이런 긴장 관계는 아닌지요? 과감히 양보하십시오. 막된 말로, 망치면 주님 일 망치지 내 일을 망칩니까? 그러나 살아계신 주님은 당신 일을 망치도록 내버려 두시지 않습니다.

"하나님을 사랑하는 자 곧 그 뜻대로 부르심을 입은 자들에게는 모든 것을 합력하여 선을 이루느리라" (롬 8:28)

손의 귀중성

집사(執事)란 글자 그대로 일을 잡은 자란 뜻입니다. 집사를 세운 첫 동기가 교회의 잡무를 당담케 하기 위함이었고(행

6:1-6), 원어(diavkonoz)의 뜻도 섬김을 뜻하는 종, 하인, 심부름꾼이란 뜻입니다. 그러므로 집사는 교회의 일꾼, 주님의 하인 또는 심부름꾼입니다. 넓은 의미에서는 모든 제직이 다 하인이요 종이긴 하지만 집사만큼 종이란 단어에 근접한 직분자는 없습니다.

그러기 때문에 집사님들은 교회 안에서 손이 되어서 열심히 일을 해야 합니다.

집사 = 일을 잡은 자? 그렇다면 집사란 손에 주의 일이 주어졌을 때만이 집사라 할 수 있는 것이요 일없는 집사는 죄송하지만 이미 집사됨을 스스로 포기한 자입니다.

집사님들이여! 주 앞에서 집사이기를 위해서라도 주의 일에 게으르지 않도록 합시다. 조금만 더 노력한다면 다 할 수 있는 집사직인데, 그것 하나도 제대로 감당하지 않고서 복받겠다면 말이 되겠어요? 죽도록은 못하더라도 내 맡은 일 만큼은 확실히 하도록 합시다. 집사의 직분은 조금만 노력하면 다 할 수 있는 직분입니다.

낙타의 무릎처럼

중동 지방에 가면 많은 낙타를 목격하게 됩니다. 지금도 그러하지만 아마 교통이 발달하지 못한 옛날에는 사막 여행을 하거나 짐을 운반하는 유일한 교통 수단이었을 것입니다. 뱃속에 물주머니가 있어서 물을 마시지 못하는 사막 길도 멀리 여행할 수 있을 뿐만 아니라 발 바닥도 사막 길을 걷기에는 아주 적합하게 생겼습니다. 이런 짐승 한 마리를 보고도 하나님의 창조의 신비를 깨닫게 됩니다.

그러나 그보다 더 큰 발견은 낙타의 무릎입니다. 낙타는 앉을 때에도, 일어날 때에도 앞다리의 무릎이 큰 역할을 합니다. 짐을 싣거나 사람이 타려고 하면 앞무릎을 꿇어 앉게 되고, 타고 가려 하면 또 다시 앞무릎을 버팀목처럼 하여 일어나게 됩니다. 필자는 이런 광경을 보면서 낙타의 상징은 등허리에 돌출한 낙타봉이 아니라 앞다리의 무릎이라고 생각했습니다. 앉을 때도 무릎으로, 일어날 때도 무릎으로 …. 그래서 낙타의 무릎은 아예 털이 없습니다. 두터운 철판같이 굳어져 자갈 밭에서도 쉽게 무릎으로 앉고 일어납니다.

필자는 그것을 보면서 낙타의 무릎이 부러웠습니다. 그리고 다른 한편으로는 부끄러움을 느꼈습니다. 왜냐하면 진짜로 무릎이 닳고 군살이 껴야할 자는 우리 신자여야 하기 때문입니다. 주의 일을 맡을 때도, 주의 일을 할 때도 그리고 늘 깨어서 무릎꿇어 기도해야 할 사람들이 바로 우리 기독교인들이기 때문입니다.

사실 신앙 생활 중 기도보다 더 중요한 것이 어디 있습니까? 세상 일은 기도없이도 되는 일들이 있지만 하나님 일은 그렇지 않습니다. 기도없이는 되는 일도 없으려니와 설령 된다 할지라도 기도없는 일에는 마귀가 개입하여 꼭 문제를 일으키고 맙니다. 하나님의 일을 하면서 왜 시험받고 문제가 일어납니까?

마귀 때문입니다. 마귀가 개입된 곳에는 언제나 소란과 시험이 있기 마련입니다. 그리고 마귀는 언제 개입합니까? 기도하지 않을 때입니다. 기도는 하나님을 모셔오는 비밀이요(신 4:7) 기도없는 곳에는 마귀가 대신 오는 통로입니다(마 26:41).

그런데 교회에서 이 낙타의 무릎 노릇을 한다면 누가 적격일까요? 기도는 신앙 생활의 기본이기 때문에 누구라도 다 해야지만 구체적으로 이 사명을 맡는다면 아무래도 권사님들이 맡는 것이 제격일 것 같습니다.

왜냐하면 권사님들이 하실 사역이 심방과 기도하시는 일이기 때문입니다. 심방도, 전도도, 기도도 모두가 무릎의 활동없이는 불가능하기 때문입니다. 교회가 부흥하기 위해서는 다방면의 봉사가 필요하지만 그 무엇보다도 제일 중요한 것은 기도의 뒷받침입니다. 그런 의미에서 권사님들은 교회의 무릎이 되시고, 기도의 어머니가 되십시오.

「대신」하는 목사의 직분

이제는 직분따라, 일하는 기능따라 별명을 한 번 붙여 보도록 하겠습니다. 먼저 목사의 직분부터 시작해 봅시다.

목사의 직분이란 여러가지 면에서 '대신'하는 직분입니다. 말씀을 선포하고, 교인들을 축복하고, 성례를 선포하며 교회를 치리하지만 사실은 모두가 주님이 하셔야 할 일을 대신하고 있을 뿐입니다. 말씀 선포가 목사에게 주어진 특권 같지만 사실은 자기가 하고 싶은 말의 선포가 아니라 주님이 전하실 말씀을 대신 할 뿐이요 교인을 축복함도, 성례를 행함도 모두가 주님이 하실 일을 목사가 대신 하고 있을 뿐입니다.

그 '대신'은 주님만을 대신함이 아닙니다. 때로는 교인을 대신할 때도 참 많습니다. 잘못은 교인이 했는데 회개는 목사가 할 때도 있고, 기도 역시 교인이 해야할 기도를 목사가 대신할 때가 참 많습니다. 그뿐만이 아닙니다. 때로는 교인이 먹어야 할 욕을 억울하게도 목사가 대신 먹을 때도 있습니다. 그러나 욕만 대신 먹는 것이 아니라 좋은 것도 대신 먹을 때가 많습니다. 그것은 대접입니다. 주의 종이라는 그것 하나 때문에 분에 넘치는 대접을 받을 때도 있는데, 그것 또한 알고보면 주님이 받을 대접이 아니겠습니까? 주님께 송구할 때가 많지만 하여간 대접마저도 '대신' 받는 대접입니다. 그러므로 목사직의 별명은 '대신' 입니다.

「협력」하는 장로의 직분

그러면 장로의 별명은 무엇이겠습니까? 아마 장로의 별명은 '협력'이라 함이 좋을 듯합니다. 왜냐하면 장로의 직분은 목사에게 협력하는 직분으로 헌법에도 명시되어 있기 때문입니다 (각 교단 헌법의 장로 조항 참조). 장로는 행정 직능상으로는 목사와 동격인 치리 회원이지만 목사를 도와주는 치리 회원이지 스스로 하는 치리 회원은 아닙니다. 장로는 목사가 없으면 아무 것도 못하는 치리 회원입니다. 목사 부재 시에는 대리 당회장 또는 임시 당회장으로 타 교회 목사님이라도 모셔와야 치리회가 구성되고, 제 기능을 할 수 있는 것입니다. 목사와 장로의 관계는 마치 부부 관계와 같습니다. 목사는 장로의 협력없이 온전한 목회를 할 수 없고, 장로 또한 목사없이는 유명무실한 것이니 서로를 귀히 여기고, 존중하며 아껴야 합니다.

혹 때로는 견제하고 대적하는 일들도 있는데, 이는 본연의 할 일이 아님을 알아야 합니다. 특별히 장로는 주의 종들에게 협력하라고 세워진 직분인 만큼 목사에 대한 협력을 봉사의 최우선에 두어야 합니다. 그 협력은 목회자가 꼭 훌륭하기 때문에 하는 협력이 아닙니다. 아론과 훌이 모세의 팔을 받들어드림이 모세의 권위나 그 분이 잘났기 때문이 아니라 모세의 팔이 손을 계속 들 수 없을 정도로 피곤에 지쳤기 때문이었던 것처럼, 장로를 목회자의 협력자로 세움도 같은 원리입니다.

부족을 채워주고, 허물은 덮어주고, 화살이 날아올 때는 방패가 되어주며, 하고자 하는 일은 도와주는 것이 장로의 할 일입니다. 만일 장로로 세움을 받은 분이 목사가 아닌 교인의 협력자가 되어서 목회자에게 대적한다든가 교인 아닌 교역자를 감시 감독하려 한다면 이는 이유 여하를 막론하고 장로의 직분을 근본적으로 망각한 처사입니다. 만일에 목회자가 실수하여 구설수에 올랐다면 분명 목사의 잘못으로 비롯된 것일지라도 장로에게도 반부담의 책임이 있는 것입니다. 왜냐구요? 협력을 바로 못했기 때문입니다. 하나님께서 아담에게 하와를 돕는 배필로 주셨듯이(창 2:18), 장로를 세움도 주의 종들에게 잘 협력하여 주의 일을 잘 하라고 세우셨음을 명심해야 합니다.

「순종」하는 집사의 직분

베드로전서 5장 5~6절에 "젊은 자들아 이와 같이 장로들에게 순복하고 서로 겸손으로 허리를 동이라 하나님이 교만한 자를 대적하시되 겸손한 자들에게는 은혜를 주시느니라 그러므로 하나님의 능하신 손 아래서 겸손하라 때가 되면 너희를 높이시리라"는 말씀이 있습니다. 여기 장로(목사, 장로)에게 순복해야 할 젊은이는 누구이겠습니까? 이는 곧 집사들을 의미합니다. 왜냐하면 집사는 연령으로나 신앙 연조로도 장로에 비해 젊은 분들이기 때문입니다. 기능 상으로도 장로는 감독직이요 집사는 일하는 봉사직입니다. 감독은 명령하는 직분이요 일하는 자는 순종하는 직분입니다. 그러므로 집사는 맡은 일에 열심히 순종하는 집사가 되어야 합니다. 믿음과 순종은 불가분리의 관계입니다. 믿음없이 순종할 수 없는 것이요 순종없는 믿음은 인정되지 않기 때문입니다(약 2:17 - 22).

하나님은 우리의 믿음을 순종을 통해서 확인하시는 것이며, 이런 믿음 위에 기적을 베푸시고, 이런 믿음의 사람들을 들어서 당신의 종들로 삼으시는 것입니다(눅 5:1-11). 그 대표적인 예가 여호수아와 갈렙입니다. 하나님을 믿는 까닭에 그들은 온전히 하나님을 순종할 수 있었습니다. 그 결과, 그들은 그들의 말대로 가나안 땅에 들어갈 수 있었고(민 14장), 그 중 여호수아는 모세의 후계자가 될 수 있었던 것입니다. 하나님은 순종을 제사(예배)보다 더 귀히 보신다고 하셨습니다(삼상 15:22). 집사 직분을 맡았을 때, 순종을 배우지 못하면 영영 배울 기회를 얻지 못할 수도 있습니다.

순종 자체가 곧 헌신이므로 열심히 순종하여 하나님을 기쁘시게 해 드리고, 순종하는 자에게 주시는 하나님의 상급을 받으시기 바랍니다.

「도우며」 일하는 권사의 직분

담배 피우다가 부흥사 된 어느 목사님의 이야기 들어 보셨나요? 필자가 직접 들은 이야기가 아니어서 죄송합니다만 그 분에게 직접 들었다는 어느 분의 말씀입니다.

미국 어느 교회를 담임하시고 계시는 목사님 한 분이 있었는데, 교회가 어떤 문제가 있었든지 아니면 목사님 자신이 은혜가 떨어졌든지 교회 분위기가 좋지 않았던 모양입니다. 그러다 보니 목사님은 설교 시간을 빌어 교인들을 자꾸 책망하는 설교를 하게 되었고, 교인들은 마음 상하게 되니 자꾸 교회를 떠나가게 되어 몇 명 남지 않았다는 것입니다.

그러던 중 한 번은 목사님이 공원으로 산책을 나갔는데, 벤치에 어떤 젊은이가 앉아서 담배를 피우고 있더랍니다. 평소 담배피우는 것을 죄악시하던 목사였는데, 그 날은 이상하게도 그 젊은이가 피우는 담배에 매력이 느껴지더랍니다. '후 –' 하고 내뿜는 담배 연기를 볼 때, 마음 속에 있는 응어리가 '확' 풀리는 것 같이 보였다는 것이지요. 그래서 만일 담배 한 대 피워서 마음 속의 모든 울화가 풀릴 수 있다면 그것도 한 방법이 되겠다 싶어 담배와 라이타를 샀다는 것입니다. 그래서 벤치에 앉아 한 개피 피우려 하니 떳떳지 못한 일이어서인지

공원에 나온 사람 모두가 교인같이 보이더라는 것입니다. 그래서 '목사는 담배도 함부로 피울 수 없구나' 하고 집에 와서 피우려고 집에 가지고 왔답니다. 가져와서 사모도 모르게 피우려고 서재로 가져 왔는데, 막상 서재에서 피우려 생각하니 서재에 담배 냄새가 배일까봐 걱정이 되더라는 것이지요. 그래서 생각하기를 담배를 피워 연기는 밖으로 내뿜으리라 하고 담배에 불을 붙였답니다. 불을 붙여 한 모금 빨고, 문을 열어 담배 연기를 문 밖으로 내뿜으려 하는데, 아뿔사! 하필이면 이 때 말 많은 권사님 한 분이 목사님 사택에 용무차 들어오시다가 이 모습을 보게 되었다는 것입니다. 피차 간에 얼마나 당황했겠습니까? 그 권사님은 너무 당황한 나머지 황급히 나가 곧바로 교회로 가서 탄식하면서 하나님께 기도했다는 것이지요. 그런데 너무 엄청난 것을 본지라 목사님이 담배피웠다고 고할 수는 없고, 그냥 탄식조로 "목사님이 …, 목사님이 …." 하고 울며 불며 기도했다는 것이지요. 그런데 성령께서 역사를 하셨는지 기도하시던 권사님의 마음이 바뀌게 되었다는 것입니다. 실망하여 기도하시던 권사님 생각에 '목사님이 얼마나 마음이 괴로웠으면 평소 하시지 않던 담배를 피웠겠느냐' 는 측은한 생각이 들더란 것입니다. 그래서 권사님의 탄식의 기도가 바뀌어서 '목사님을 불쌍히 여겨 달라' 는 긍휼의 기도로 바뀌게 되었고, 그 때부터 권사님은 목사님을 위해 참으로 진심과 간절한 마음으로 기도하게 되었다는 것이지요.

　그런데 목사님은 어떻게 하셨겠어요? 담배 한 개피 제대로 피워 보지도 못하고 권사에게 목격되었으니 억울하기도 하지만 목격된 사실을 부인할 수도 없고 유구무언일 수밖에 ….

'아마 오늘 밤이면 권사가 장로들에게 고자질하여 떼지어 올 것이다' 생각하며 보따리 쌀 계획을 하고 있었는데, 밤이 맞도록 안절부절하고 기다려 보았지만 오지 않는단 말입니다. 하루, 이틀 지나 토요일이 되었건만 아무 기별이 없었습니다. 그러니 목사는 어떻게 해야 되겠습니까? 떠나는 날까지는 설교해야지요. 그러나 이제는 자신의 흥이 크다보니 과거처럼 교인들을 책망할 수도 없게 되었습니다. 내용을 아주 복음적으로 준비하여 강단에 올라갔는데, 하필이면 그 권사님이 제일 앞자리에 앉으셨더라는 것이지요. 그래서 목사님은 고개 한 번 들지 못하고 아주 조심스러우면서도 정중하게 설교를 하였답니다. 그런데 기이한 일은 곁눈질로 권사님을 슬쩍 보았는데, 비웃는 태도가 아니라 너무나 진지한 모습으로 경청만 하는 것이 아니라 "아멘, 아멘" 하면서 화답하더라는 것이예요. 그런데 아멘이라는 소리는 은혜가 되면 자연발생적으로 나오는 소리이기도 하지만 때로는 전염병처럼 한 사람이 "아멘" 하면 다른 사람들도 따라하게 되는 것이 아멘인지라 권사님 한 분이 "아멘, 아멘" 하니 나중에는 이곳 저곳에서도 아멘 소리가 이어지게 되고, 설교자는 이렇게 아멘의 화답이 있으면 신명이 더 나는 법이지요. 그래서 목사님은 자기도 모르게 힘내어 열심히 설교하게 되었고 따라서 교인들은 은혜를 받게 되고 …. 그러자 교인들 사이에 "우리 목사님 설교가 달라졌다", "목사님이 달라지셨다"는 소문이 나게 되고, 급기야는 교회를 떠났던 분들이 모여오기 시작했을 뿐만 아니라 이웃 교회에까지 소문이 퍼지게 되었답니다. 그러자 이 교회, 저 교회에서 헌신예배 강사로, 나중에는 부흥회의 강사로 초청되기도 하고 ….

그러다가 어느 사이에 유명한 부흥사가 되었다는 것입니다.

　이 목사님이 변화한 원인이 무엇이겠습니까? 담배 한 개피가 이 목사님을 변화시키고 유명한 부흥사로 만들었겠습니까? 결코 그렇지는 않습니다. 이 목사님이 이렇게 변화한 원인은 바로 그 권사님의 기도입니다. 만일 권사님이 기도를 하지 않고 소문을 퍼뜨렸더라면 부흥사는 고사하고 교회를 떠나 일생 동안 상처를 안고 괴로워했을 것인데, 이런 엄청난 것을 목격하고도 허물을 들추어내지 않고 오히려 불쌍히 여기며 하나님께 기도했기 때문입니다.

　이것이 기도의 위력입니다. 기도는 만사를 변화시키는 힘이 있습니다. 하나님의 능력에는 능치 못함이 없습니다. 이런 능력의 하나님께 모든 것을 맡기고 기도하면 하나님은 이렇게 멋있게 만들어 주시는 것입니다.

　이 책을 읽으시는 권사님 여러분!
　귀 권사님께서도 이런 권사님이 되어 보시지 않으렵니까? 헌법에 의하면 권사는 목회자를 돕는 직분입니다. '목사를 도와서 …' 열심히 도웁시다. 심방으로 돕고, 능력이 있으면 물질로도 돕고, 입으로도 도울 수 있으니 교회와 목사를 자랑하는 일입니다. 그러나 그보다 돈들이지 않으면서도 가장 값진 도움은 기도입니다. 권사를 세움은 목사를 도와서 심방하고 기도하라고 세웠음을 아시고 열심히 도웁시다. 목사를 위해, 교인들을 위해 열심히 기도합시다. 어떤 때는 아내가 되고, 어떤 때는 어머니가 되십시오. 목사를 기도로 돕는 신령한 의미에서의 아내, 교인들의 문제를 내 자식의 문제처럼 생각하고 기도

하는 신령한 의미에서의 어머니 말입니다. 이를 위해 권사님들은 주의 몸된 교회의 발이 되고 관절이 되십시오. 남은 여생 기도하다가 죽으리라는 마음으로 봉사하시면 몸도 건강, 마음도 건강해지실 것입니다.

머리는 차게, 몸은 뜨겁게

우리 인체는 여러 가지로 신비한 것이 많습니다. 체온 하나를 보더라도 신비스러움을 느낍니다. 같은 한 몸에 혈관을 따라 사방으로 흘러다니건만 이상한 것은 몸의 부위마다 체온이 차이가 있다는 것입니다.

즉 머리 부위는 차갑고 몸은 뜨겁습니다. 신기한 일이 아닙니까? 그러나 이것이 정상 체온입니다. 만일 반대로 머리가 뜨겁거나 몸이 차면 이는 정상이 아닙니다. 머리가 뜨겁거나 몸이 차면 이것은 병든 징조요 죽을 징조입니다. 건강의 적신호이니 만큼 신속한 치료가 필요합니다.

교회도 마찬가지입니다. 머리격인 당회는 좌로나 우로나 치우침이 없이, 손이 안으로 굽는 일이 없이 모든 일을 냉철하고도 분명하게 해야 하며, 불편부당(不偏不黨)해야 합니다. 당회가 머리에 열나듯 감정에 치우치고 공사(公私)도 분별 못하면서 일을 하게 되면 이는 병든 징조입니다. 속히 회개하고 고쳐야 합니다.

그러나 반대로 몸통 격인 교회의 분위기는 뜨거워야 합니다.

찬송과 기도에 박력이 있고, 뜨거운 사랑의 열정과 열심있는 봉사 그리고 확신에 찬 전도가 있어야 합니다. 이것이 교회요 살아있는 증거입니다. 그리고 그 비밀은 다른데 있지 않습니다. 성령 충만에 있는 것이니 온 교회가 성령을 사모하고, 충만을 위해 기도하는 일입니다. 성령님은 당신을 간절히 사모하고 기도하는 자에게 그리고 교회에 임재하셔서 뜨거웁게 운행하시는 것입니다. 우리의 교회는 어떠합니까? 따뜻한 온기가 감돌고 있습니까? 그렇다면 교회가 살았다는 증거입니다. 아니면 차갑고 냉냉한 한기가 감돌고 있지는 않습니까? 그렇다면 위험을 알리는 적신호입니다. 빨리 회개하고 분위기를 갱신해야 합니다.

그리고 냉혈 동물은 온기가 있으면 도망가지만 온혈 동물은 따뜻한 곳으로 모여듭니다. 마귀는 뱀으로 상징되고 있는데(계 20:2), 뱀은 대표적 냉혈 동물입니다. 교회 안에서 마귀가 활동하지 않게 하는 비밀은 다른데 있지 않습니다. 교회가 성령이 충만하여 영적으로 뜨거운 열기가 넘쳐야 합니다. 교회가 성령으로 뜨거워지면 마귀는 떠나갈 것이고, 온기를 좋아하는 사람들은 몰려올 것입니다.

"내가 네 행위를 아노니 네가 차지도 아니하고 더웁지도 아니하도다 네가 차든지 더웁든지 하기를 원하노라 네가 이같이 미지근하여 더웁지도 아니하고 차지도 아니하니 내 입에서 너를 토하여 내치리라"(계 3:15-16)

조심할 일, 몇 가지

• 입은 봉하지 말라

입을 봉하면 음식만 먹지 못하는 것이 아니라 말도 못하게 됩니다. 입의 사명은 말을 하는 것인데, 말을 하게 하려면 입은 열어 주어야 합니다.

무슨 뜻이겠습니까? 입이 하나님의 말씀을 전하는 교역자의 상징이라면 교인들은 어떤 경우를 막론하고 교역자의 메시지를 방해해서는 안된다는 뜻입니다. 교역자도 신성한 강단을 빌려 자기의 주의, 주장을 나열하거나 특정인을 의식하여 전할 메시지를 포기하는 일이 있어서도 안되겠지만 교인들 역시 나를 의식하여 교역자가 전해야 할 메시지를 굴절하는 일들이 없도록 해야 합니다.

그리고 말하는 것도 힘없이는 못하는 것인즉 입에는 맛있는 음식으로 채워 주어야 합니다. 노래를 불러도 입이 즐겁지 않고는 결코 아름다운 노래는 기대할 수 없는 것입니다. 즉 교역자로 하여금 은혜로운 말씀이 나오게 하기 위하여서는 교회는 교역자로 하여금 '무엇을 먹을까, 무엇을 마실까' 하고 물질에 신경쓰지 않도록 충분한 생활의 뒷받침을 해주어야 합니다. 그리고 어떤 일이 있더라도 생활비로 교역자의 목을 죄는 일들은 하지 말아야 합니다. 하나님의 것으로 하나님의 종들을 그렇게 해서도 안되겠지만 이는 불신 사회에서마저도 용인할 수 없는 비열한 처사인 것입니다. 부득이하여 교역자를 보내야 할 형편일지라도, 하나님께서 교체해 주시는 그 날까지는 책임져야 합니다. 이것이 주님의 방법이요 상받을 일인 것입니다(롬 12:17 – 21).

그리고 똑같은 말씀이지만 전달은 설교자의 인격을 통해서 전하여지는 것인즉 교인들은 설교자 개인의 의지나 감정이 개입되지 않도록, 성령의 감동 외의 다른 어떤 외적 여건에 영향을 받지 않도록 보호해 주어야 합니다. 같은 한 사람이 부른 노래일지라도 그 사람의 기분 여하에 따라 듣는 자의 반응은 다를 것입니다. 즉 기분 좋을 때 부른 노래를 듣는 것과 기분이 격한 상태에서 부른 노래를 듣는 것은 부르는 이 못지않게 듣는 이의 감정도 다른 것입니다. 설교자의 감정을 상하게 하여 놓고 은혜로운 말씀은 기대할 수 없는 것입니다. 그러므로 교인들은 내 자신이 은혜를 받기 위하여서라도 설교자의 감정을 상하게 하는 일들은 삼가해야 합니다.

• 허리를 치지 말라

허리 즉 척추는 하반신의 중추입니다. 척추 하나를 다쳐서 하반신을 쓰지 못하는 일들을 우리는 척추 환자를 통해서 익히 아는 바입니다. 척추는 장로의 상징인즉 공석에서 장로를 치지 말라는 뜻입니다. 장로는 감독직이기 때문에 권위가 수반되는 직분이요 권위에 손상이 없어야 그 직무를 수행할 수 있는 것입니다. 그러므로 장로되신 분들은 자기 스스로 권위가 손상되지 않도록 유의할 것이요 교인들 또는 교역자들 역시 장로님들의 실수가 더러 눈에 보일지라도 가능하면 이해와 더불어 위하여 기도하고 권위가 손상되지 않도록 잘 보호해 드리도록 합시다.

• 손을 묶지 말라

손의 기능은 일하는 것인데, 손을 묶으면 어떻게 되겠습니까? 일 못하는 것은 물론이요 신기하게도 손이 일하지 않으면 대신 입이 일하는 것이 인체의 원리(?)입니다. 세심히 보십시오. 사람이 열심히 일할 때는 말하지 않습니다. 오히려 먼지라도 들어갈까 싶어 마스크까지 하고 일을 합니다. 그러다가 누구와 대화를 할 때면 손은 하던 일을 중단할 뿐만 아니라 뒷짐지게 됩니다.

교회도 마찬가지입니다. 교회에서 불평·불만하고 말많은 분들은 대개의 경우가 일하지 않는 분들입니다. 일하는 분들은 말할 겨를도 없거니와 일해본 분들은 어떤 일이든 그렇게 간단치 않음을 알기 때문에 불평하지 않습니다. 그러므로 말많은 사람들의 입을 잠재우는 비밀은 입을 재갈 물리는 것이 아니라 일을 맡기는 것입니다. 일을 맡겨야 말하지 않습니다.

그리고 손은 집사의 상징인즉 집사님들은 열심히 일합시다. 집사는 말하는 직분이 아닌 만큼 입은 봉합시다. 일하면서 입을 벌리면 먼지만 들어갈 뿐입니다. 즉 봉사하면서 말이 많으면 마귀의 오물밖에 먹을 것이 없습니다. 또한 입은 눈으로 보고 귀로 들으면 말하게 되는 것인즉 억지로 보려고도, 들으려고도 하지 맙시다. 보고 들어서 소화시키지 못하고 덕이 되지 못할 것은 신앙의 손상과 시험밖에 더 받을 것이 없습니다. 그리고 내가 말하지 않아도 말하실 분들은 얼마든지 많습니다.

교역자가 있고, 당회원이 있고, 더 높게는 머리되신 주님이 계십니다. 우리들 보다도 훨씬 더 세밀하게 그리고 관심있게 또한 치밀하게 계획하시고 섭리하심을 아셔야 합니다. 열 마디 참견보다 한 마디의 기도가 교회 부흥에는 훨씬 더 큰 보탬이 됨을 기억합시다.

- **무릎은 자유롭게 하라**

사람의 앉고 서는 일 또는 활동을 용이하게 하는 지체는 무릎입니다. 무릎이 고장나면 아주 힘이 듭니다. 그러므로 활동을 잘하려면 무릎 관리를 잘해야 합니다. 그리고 더 민첩하게 하려면 짐을 지우지 말아야 합니다. 짐을 지고 민첩히 행동할 사람은 아무도 없을 것입니다. 그러길래 달음질하는 운동 선수는 전신에 짐이 될만한 것은 다 벗어 버리고 경기에 임하는 것입니다. 무릎은 권사의 상징이라 하였습니다. 권사님들의 주된 사명이 심방과 기도인즉 무릎이 민첩하지 않고는 감당하기 어려운 직분입니다. 그러므로 권사님들은 가정에서나 교회에서나 너무 힘에 겨운 짐은 지지 않도록 합시다. 권사님들도 교회에서나 가정에서나 능력이 있다면 돌볼 수 있는 데까지는 도와야 하겠지만 아마도 권사의 직무를 수행하는 일에는 막대한 지장이 있을 것입니다. 가능하면 가정사는 자녀들에게, 교회의 일반적 직무는 집사님들께 맡기고, 권사님들은 기도하는 일과 전도하는 일에 전념하도록 무릎을 자유롭게 할 일이요 이 일 외의 무거운 짐을 지우지 않도록 할 것입니다.

5 이렇게 봉사합시다

제직의 긍지를 가지고

바울사도는 긍지의 사람입니다. 바울서신들을 보면 하나같이 서두에 이런 말들이 있습니다. "주 예수의 종된 나 바울은 …." 사실 종의 신분이란 부끄러운 신분입니다. 종은 내 것이란 소유도 없을 뿐더러 인간의 기본권인 자유나 인권도 없습니다. 권리는 없고 오직 주인을 위하여 죽도록 봉사하고 순종해야 할 의무만 있을 뿐입니다. 그런데 바울은 이런 종의 신분을 부끄러워하지 않았습니다. 오히려 당당하게 자랑하였습니다. 왜입니까? 그것은 사람의 종이 아닌 주님의 종이 된 때문입니다. 바울은 주님의 종이 된 것에 대해서 무한한 긍지를 가지고 살았던 사람이었음을 알 수 있습니다.

친구 목사님께 들은 이야기입니다. 장군 출신의 집사님 가정을 심방한 일이 있었는데, 놀란 것은 응접실에 진열해 놓았던 그 많던 상패며 훈장은 온데 간데 없고, 초라한 집사 임명장 하나만 달랑 벽에 걸려 있더랍니다. 그 집사님의 설명인즉 '그 많은 상패와 훈장은 모두 사람으로부터 받은 것이지만 집사의 임명장은 하나님께 받은 것이니 어찌 비교할 수 있겠느냐'며, 그래서 모든 것은 정리하고 남은 여생은 오직 주님께만 충성하겠다는 의미에서 그렇게 했노라 하더랍니다.

그 분은 얼마가지 않아서 장로가 되셨으니 그것은 분명 장군의 후광이 아니라 집사직을 귀히 여기며 주님의 종됨에 긍지를 가진 결과라고 봅니다. 그렇습니다. 세상에서는 알아주는 이도 없고, 교회에서마저도 명예나 이익이 따르는 직분이 아니지만 죄인된 사람으로 말미암지 않는, 지존하신 하나님, 하늘과 땅의 모든 권세를 가지신 주님으로부터 받은 직분이니 얼마나 고상하고 아름다운 직분입니까? 천사도 흠모하는 직분이요 하늘에서 상받을 기회입니다. 그러므로 우리도 사도 바울처럼, 장군 집사님처럼 주님의 종됨에 긍지를 가지고 일합시다.

"나를 능하게 하신 그리스도 예수 우리 주께 내가 감사함은 나를 충성되이 여겨 내게 직분을 맡기심이니 …" (딤전 1:12)

자원하는 마음으로

주님의 일은 이사야 선지자처럼 자원하는 마음으로 해야 합니다.

"내가 또 주의 목소리를 들은즉 이르시되 내가 누구를 보내며 누가 우리를 위하여 갈고 그 때에 내가 가로되 내가 여기 있나이다 나를 보내소서" (사 6:8)

하나님께서 당신을 대신하여 백성에게 갈 사람을 찾고 계시던 이사야 선지자 시대는 지금처럼 태평성대(太平聖代)가 아니었습니다. 나라의 구심점인 웃시야 왕이 죽어 권력에 공백이 생기고, 밖으로는 이방인의 위협이요 안으로는 백성들이 방자히 행하던 그런 암울한 시대였습니다. 이런 시대에 하나님의 종이 된다는 것은 곧 수난을 의미합니다. 혹시나 종으로 부르심을 받을까봐 두려워한 시대였는지도 모릅니다. 이런 때에 이

사야 선지자는 보낼 자 없어 탄식하시는 주의 음성을 듣고 자원하며 나섰던 것입니다.

요나처럼 하나님이 명령하시면 억지로라도 순종해야 하는 것이 사람 된 도리이지만 자원하여 순종한다면 하나님께서 얼마나 더 기뻐하시겠습니까?

주의 일은 이렇게 해야 합니다. 구차한 것 하나 장만하는데도 제직 회의 결의를 거치거나 교회 재정으로 할 것이 아니라 필요한 것은 공개하여 은혜받은 자들로 하여금 자원하여 헌납케 한다면 먼저는 하나님이 기뻐하실 것이요 다음은 교회 재정 절약해서 좋고, 헌납자는 받은 은혜에 보답하는 길이 되니 그야말로 일석삼조(一石三鳥)입니다. 교회 봉사는 이렇게 해야 은혜롭고 복을 받습니다.

"각각 그 마음에 정한 대로 할 것이요 인색함으로나 억지로 하지 말지니 하나님은 즐겨 내는 자를 사랑하시느니라" (고후 9:7)

"여호와께서 모세에게 일러 가라사대 이스라엘 자손에게 명하며 내게 예물을 가져오라 하고 무릇 즐거운 마음으로 내는 자에게서 내게 드리는 것을 너희는 받을지니라" (출 25:1-2)

성실한 마음으로

"맡은 자에게 구할 것은 충성"이라고 하셨습니다(고전 4:2). 주께서 우리에게 귀한 직분을 맡기신 것은 '충성하리라'고 믿고 맡기신 것입니다(딤전 1:12). 그런데 만일 우리가 주의 일을 맡아 놓고 이 핑계 저 핑계로 주의 일을 게을리한다면 주님이 얼마나 섭섭해 하시고 실망하실까요?(마 25:24-30)

사람은 결과를 중요시하지만 하나님은 원인과 과정을 보십니다. 설령 일을 하다가 실수를 하고 또는 실패를 했다 할지라도 그 동기가 순수하고, 그 과정이 성실했다면 하나님은 인정해 주시는 것입니다. 하나님은 다윗이 당신의 전을 건축하려 할 때, 그는 전쟁에서 많은 피를 흘린지라 그 손으로 하나님의 전 짓는 것을 원하시지 않으셨지만(대상 22:6-8) 하나님은 다윗이 이런 좋은 생각을 하고 있음을 기뻐하셨습니다(왕상 8:17-19). 예수님께서도 당신의 은혜에 감사해서 보답하는 마음으로 마리아가 300 데나리온(장정 1일 품삯이 1 데나리온이었음)에 해당하는 엄청난 양의 향유를 예수님의 발에 부었을 때, 이를 실리적으로만 따진다면 어떤 사람들의 불평처럼 엄청난 낭비였지만 주님은 그의 순수한 마음을 보셨길래 그를 두둔해 주셨습니다. 뿐만 아니라 오히려 복음이 전파되는 곳에는 이 여인의 행한 일도 전하여 이를 기념하라고 말씀하셨습니다 (막 14:3-9).

그리고 마태복음 25장의 달란트 비유에서도 주님께서는 얼마나 많이 남겼느냐가 문제가 아니라 다섯 달란트이든 두 달란트이든 열심히 일하여 이를 남긴 자는 모두 칭찬하셨지만 이 핑계, 저 핑계로 이를 남기지 못한 한 달란트 받았던 자에게는 호된 질책과 더불어 엄벌을 내리셨습니다.

사실 교회 일이란 핑계대려면 하나도 할 수 없지만 하려고만 하면 못할 것이 없는 일이 또한 교회 일입니다. 그리고 주님께서는 일을 맡겼으면 감당할 수 있는 능력도 주십니다(마 10:1-8).

그러므로 일을 맡았으면 핑계하여 미루지 않도록 합시다. 큰 일이든 작은 일이든 미루지 않고 꼭 하고자 하는 사람, 교회에도 이런 사람이 필요합니다. 결국은 이런 사람들이 귀하게 쓰임을 받게 되는 것입니다.

"지극히 작은 것에 충성된 자는 큰 것에도 충성되고 지극히 작은 것에 불의한 자는 큰 것에도 불의하니라"(눅 16:10)

순종하는 마음으로

사무엘상 15장 22절에 보면 "순종이 제사보다 낫다"고 하셨습니다. 이 말씀을 신약 시대의 언어로 고친다면 "순종이 예배보다 낫다"는 의미입니다.

예배가 얼마나 귀중합니까? 우리는 예배를 통해서 하나님께 나아가게 되고, 예배를 통해서 하나님을 만나며 은혜와 복을 받는 것이므로(출 20:24 ; 요 4:24) 신앙 생활의 제요소(諸要素) 중 제일 귀한 것이 예배라고 할 수 있을 것입니다. 그러므로 예배를 귀히 여기는 신자가 은혜와 복을 빕습니다. 그런데 이렇게 귀한 예배인데도 하나님은 예배보다 더 귀히 여기시는 것이 있다는 것입니다. 그것이 무엇인고 하니 바로 순종이라는 것입니다. 그러므로 하나님을 진정으로 기쁘시게 해 드리려면 예배는 물론이요 순종하는 제직이 되어야 합니다.

특히 순종의 대명사요 상징적 동물로서는 성경은 양을 예로 듭니다. 양의 기질은 절대로 목자를 앞서거나 제맘대로 다니지 않습니다. 목자가 앞서면 의심없이 믿고 어디든지 따라갑니다. 그러나 염소는 그렇지 않습니다. 모양은 비슷한 양과에 속하지만 염소의 성질은 양과는 반대로, 목자가 뒤에 세우면 따라오지 않으려고 버티며 힘을 겨눕니다. 그러나 반대로 앞세워 놓으면 형편 무인지경(形便 無人之境)입니다. 주인이야 따라오건 말건, 엎어지건 자빠지건 상관없이 줄행랑치며 달음질합니다. 그래서 염소는 불순종의 대명사입니다.

"나는 어느 편에 속하는가?" 반추(反芻)해 보시길 바랍니다. 그리고 어떤 경우라도 염소는 되지 맙시다. 그 길은 형벌의 길이기 때문입니다.

"인자가 자기 영광으로 모든 천사와 함께 올 때에 자기 영광의 보좌에 앉으리니 모든 민족을 그 앞에 모으고 각각 분별하기를 목자가 양과 염소를 분별하는 것 같이 하여 양은 그 오른편에 염소는 왼편에 두리라 그 때에 임금이 오른편에 있는 자들에게 이르시되 내 아버지께 복 받을 자들이여 나아와 창세로부터 너희를 위하여 예비된 나라를 상속하라 … 또 왼편에 있는 자들에게 이르시되 저주를 받은 자들아 나를 떠나 마귀와 그 사자들을 위하여 예비된 영영한 불에 들어가라"(마 25:31-34, 41)

감사하는 마음으로

똑같은 일을 하면서도 감사하면서 일을 하는 사람들이 있고,

반대로 요나처럼 원망·불평하면서 일하는 자들도 있습니다. 어느 것을 하나님이 더 기뻐하실까요? 그건 두 말할 필요도 없이 감사하면서 일하는 자일 것입니다. 왜냐하면 범사에 감사하는 것이 우리를 향하신 하나님의 뜻이니까요(살전 5:18). 뿐만 아니라 감사는 더 큰 감사를 불러오는 복받는 비밀이기도 합니다.

이런 이야기가 있습니다. 지어낸 이야기겠지만 의미있는 이야기입니다.

예수님께서 하루는 제자들을 향하여 "오늘은 산상 기도 갈 텐데 준비물은 돌 하나씩 가져가는 것이다."라고 하셨답니다. 믿음있는 베드로는 "이는 틀림없이 무슨 뜻이 있을 것"이라고 믿어, 아주 큰 돌을 어깨에 메고 땀을 뻘뻘 흘리면서 산을 올랐습니다. 그러나 가룟 유다는 불평을 하였습니다. "맨 몸으로 가도 이렇게 힘드는 산상 길인데 돌은 왠 돌" 하면서 조약돌 하나 주워들고 가며 베드로의 미련스러움을 비난했습니다. "미련스런 놈은 이럴 때 알아본단 말이야. 선생님이 돌 하나 가져가자 했지 무슨 바위 덩어리 가져가자 하던가?"

산상에 모두가 다 올라서자 예수님이 말씀하셨습니다. "각자 가져온 돌을 앞에 놓으라."고 하셨습니다. 그리고 축사(祝辭)를 하셨습니다. 기도를 마친 후 눈을 떠보니 돌은 오간데 없고 가져온 돌 만큼의 떡덩이가 하나씩 있는 것이 아닙니까? 베드로는 감사했지만 가룟 유다는 또 불평했습니다. "진작 떡덩이가 된다고 일러주셨더라면 나는 바위를 메고 왔을텐데 …."

순종이 기적을 가져오는 원동력이긴 하지만 믿음과 감사없이는 할 수 없는 것이 순종이기도 합니다. 서양 격언에 '별빛을 주신 하나님께 감사하면 별빛보다 더 밝은 달빛을 주시고, 달빛을 주신 하나님께 감사하면 달빛보다 더 밝은 햇빛을 주시며, 햇빛을 주신 하나님께 감사하면 햇빛보다 더 밝은 천국을 주신다."는 말이 있습니다. 이는 성경의 가르침인즉(사 30:26) 우리도 열심히 맡은 바 그 직무를 감사히 수행함으로 감사하는 자에게 주시는 하나님의 큰 은총을 체험하시길 축원합니다.

겸손한 마음으로

시내 거리를 걷다 보면 "어서 오십시오"하고 부르는 상냥한 아가씨의 호객 소리를 들을 때가 있습니다. 뒤돌아 보면 사람은 흔적없고 오락놀이 기구만 하나 우두커니 서있을 뿐입니다. 필자는 아직 그 놀이 기구의 이름을 모릅니다. 그래서 놀이의 모습을 보고 '뽕! 탁!'이라고 내 마음대로 이름을 붙였습니다.
왜 '뽕! 탁!'이라 했는고 하면 동전을 넣으면 게임이 시작되고, 여러 개의 머리들이 차례대로 고개를 들고 머리를 치켜세웁니다. 세울 때마다 나는 소리가 '뽕'입니다. 그러면 방망이를 잡은 자가 '뽕'하고 일어나는 머리를 '탁!'하고 치는 것입니다. 그래서 '뽕! 탁!'으로 명명한 것입니다.
한번 해보고픈 충동도 있었지만 목사 체면에 용기가 나지 않아서 아직까지 직접 놀이를 해보지는 못했지만 옆에서 구경하면서 귀한 하나님의 말씀을 되새겨 보았습니다.

"하나님이 교만한 자를 대적하시되 겸손한 자에게는 은혜를 주시느니라"
(벧전 5:5하)

　사랑 많으신 하나님이 독생자를 죽는 데까지 허락하시면서 피로 사신 당신의 백성들을 왜 징치하시겠습니까? 사랑하시되 "영혼이 잘 됨같이 범사가 잘 되고 강건하기를"(요삼 1:2) 바라시는 것이 하나님의 소원인데 말입니다. 그럼에도 불구하고 단 하나의 예외는 있는 듯합니다. 교만한 자를 대적하시는 일 말입니다.
　왜 교만한 자를 치십니까? 교만은 마귀의 성품이기 때문입니다. 천사장 중의 하나였던 마귀는 하나님으로부터 분에 넘치는 대우를 받자 겸손보다 교만한 마음이 일어났습니다. 종 되기를 거부하고 하나님의 보좌를 엿보며 찬탈(簒奪)하려 했던 것입니다. 그로 인해 모든 권세와 영광을 다 박탈당하고 하늘에서 추방당한 것입니다(겔 28:17 ; 사 14:10-15).

　그렇습니다. 사람도 부족할 때는 차라리 겸손하기 쉬운데, 큰 일을 맡거나 큰 능력을 받게 되면 교만하기 쉬운 것이 인간의 약점입니다. 그리고 교만의 결과는 패망입니다(잠 16:18). 그러므로 교인들이 제일 조심하고 경계할 일은 교만입니다. 끝까지 귀하게 쓰임받는 길은 어거스틴의 말처럼 첫째도 겸손, 둘째도 겸손, 셋째도 겸손뿐입니다. 큰 일을 맡을 수록, 귀한 은혜를 받을 수록 교만하지 않도록 특별히 조심합시다. 교만은 패망의 선봉입니다. 그러나 겸손은 은혜의 그릇입니다.

"겸손과 여호와를 경외함의 보응은 재물과 영광과 생명이니라" (잠 22:4)

두려운 마음으로

　신학생 시절에 들은 어느 교수님의 말씀입니다. "나는 지금도 강대상에 서면 다리가 후들후들 떨린다. 왜냐하면 하나님 면전이니까 …." 주의 일을 맡은 우리 제직들은 주의 일을 할 때 하나님을 두렵게 여기는 이런 자세가 필요합니다.
　레위기서를 보면 하나님의 종들인 제사장들이 성전에서 봉사할 때는 어떻게 해야 한다는 갖가지 지침이 기록되어 있는데, 그 지침들이 무척 까다롭고 엄격합니다. 왜입니까? 그것은 하나님의 일을 할 때 두려운 마음으로 할 것을 가르치기 위함입니다.
　주의 일을 할 때 하나님을 두려워하는 마음으로 해야 매사에 주의하게 되고, 실족하지 않게 되는 것입니다. 두려워하는 마음이 없으면 경솔하기 쉽고 일을 그르치게 됩니다. 성경에 보면 하나님의 일을 맡은 자들이 두려움 없이 경거망동하게 행동하다가 화를 입은 자들이 얼마나 많습니까?
　몇 사람의 예를 든다면 첫째는 아론의 두 아들 나답과 아비후입니다. 그들은 하나님께 분향할 때, 하나님이 명하시지 않는 다른 불을 가져다가 분향하다가 하나님의 진노로 불에 타서 즉사하였습니다(레 10:1-2). 또 하나의 예는 다윗이 바알레유다 지방 아비나답의 집에 있는 하나님의 법궤를 다윗 성으로 옮길 때의 일입니다. 법궤를 실은 소들이 나곤의 타작 마당에 이르러 뛰므로 웃사라는 사람이 손을 들어 하나님의 궤를 붙들다가 역시 하나님의 진노로 즉사하였습니다(삼하 6:1-7).

또 베세메스에서는 사람들이 호기심으로 법궤를 들여다보다가 70인이 죽임을 당하기도 하였습니다(삼상 6:19). 이는 모두 제사장에게만 허용된 금기 사항을 평민들이 침해했기 때문입니다.

옛 말에 "할아버지가 손자 귀여워하면 수염잡는다."는 말이 있습니다. 수염은 노인의 권위를 상징하는 것입니다. 수염을 잡는다는 것은 노인의 권위를 허물하는 것이기 때문에 마음이 상하게 되는 것입니다.

이와 마찬가지로 우리가 잘못하면 하나님께 이런 누를 범할 수 있는 것입니다. 하나님은 분명히 사랑의 하나님입니다만 사랑의 하나님이라고 하나님 앞에서 아무렇게나 행동해도 되는 줄 착각하여 분수없는 행동을 해서는 아니됩니다. 그러므로 주의 일을 할 때는 자신을 살펴 경거망동하지 않도록 특히 주의하도록 합시다.

"오직 여호와는 그 성전에 계시니 온 천하는 그 앞에서 잠잠할지니라"(합 2:20)

보답하는 마음으로

옛날 어느 고을에 찢어지게 가난한 한 농부가 있었는데, 설상가상으로 식구도 많다보니 도저히 살아갈 수가 없었답니다. 추운 한 겨울에 양식은 다 떨어지고 모두가 굶어 죽게 되었습니다. 그러던 차에 외국 상고(商賈)들이 지나는 길에 이 집을 들렸는데, 형편을 보고 제안하기를 돈은 얼마든지 줄테니 열댓 살 먹은 맏딸을 팔라는 것이었습니다. 어림없는 이야기지만 그러나 식구 전체가 살기 위해서는 어쩔 도리가 없었습니다. 딸의 동의도 얻고 해서 많은 돈을 받고 팔았습니다. 그리고 울며불며 헤어졌습니다.

그런데 이 가엾은 소식을 이 고을 원님이 듣게 되었습니다. 이 소식을 들은 고을 원님이 처녀를 사가는 상고들을 찾아 돈을 되갚아 주고, 그 처녀를 그 집으로 되돌려 줬습니다. 이 처녀는 원님의 이 큰 은혜를 잊을 수가 없었습니다. 너무나 고맙고 감사해서 은혜를 보답하기 위하여 스스로 자원하여 원님의 종이 되길 원하고 원님 댁으로 갔습니다. 그리고 열심히 시종들었습니다. 시종드는 일이 간단치 않았지만 원님의 은혜를 생각하면 귀찮아 할 수가 없었습니다. 은혜를 보답하는 마음으로 일을 하니 힘드는 일도 즐거웠습니다.

이를 기특히 여긴 원님은 이 여종을 자부로 삼았답니다.

주의 제직된 여러분, 어쩌면 이 여인의 자세가 우리의 자세여야 하지 않을까요? 우리는 주님이 아니셨더라면 죄값으로 인해 마귀의 종노릇 하다가 결국은 지옥이나 가야 할 신세들이었는데 …. 하나님께서 우리의 죄 값을 대신해서 독생 성자 예수님을 십자가에 못박아 우리 죄 값을 지불하시고, 돈보다 값진 피로 우리를 사셨습니다(행 20:28 ; 고전 6:14-20). 이 은혜를 어찌 돈으로 환산할 수 있겠으며 있은들 무엇으로 다

갚겠습니까? 내 모든 소유, 내 모든 시간 다 드려서 죽을 때까지 갚을지라도 못다 갚을 은혜입니다. 우리는 주의 일을 할 때 의무감이나 체면유지로 해서는 안됩니다. 이 크신 은혜에 보답하는 마음으로 해야 합니다. 그렇게 해야만 태만에서 벗어날 수 있고, 인색함이 없이 감사·감격하는 마음으로 봉사할 수 있는 것입니다.

"늘 울어도 눈물로써 못 갚을 줄 알아 몸밖에 드릴 것 없어 이 몸 바칩니다"
(찬 141장 5절)
"만 가지 은혜를 받았으니 내 평생 슬프나 즐거우나 이 몸을 온전히 주님께 바쳐서 주님만 위하여 늘 살겠네"(찬 356-4절)

청지기 자세로

청지기란 주인의 것을 맡아 지키면서 관리하는 자를 의미하는데, 역시 종이란 뜻이요 좀더 구체적으로는 주인의 창고지기입니다. 주인의 것을 맡은 창고지기는 그 임무를 수행함에 있어서 몇 가지 꼭 지켜야 할 수칙이 있습니다.

- **첫째는 주인의 소유권 인정입니다**(대상 29:14)

창고는 내가 맡고 있지만 창고 안의 모든 물건은 주인의 것임을 늘 기억해야 합니다. 내가 창고를 맡았다고 내 것이라고 생각하거나 내 맘대로 쓰면 큰 일납니다.

• 둘째는 주인의 사용권을 인정해야 합니다(마 21:3)

주인이 쓰시겠다 하면 언제라도 냉큼 드릴 수 있어야 합니다. 벳바게의 맞은 편 나귀 주인처럼 당신이 당신 것을 쓰시겠다 하시는데 드리기를 인색해하거나 불평해서는 아니됩니다.

• 셋째는 주인의 감사권을 인정해야 합니다(마 25:14—31)

일을 맡기신 주인은 잘잘못을 가리고 확인하기 위하여 감사를 하게 됩니다. 감사를 염두에 두고 일을 하는 자는 결코 일을 그르치지는 못할 것입니다.

• 넷째는 주인의 회수권을 인정해야 합니다(욥 1:20)

물건을 맡기셨던 주인이 물건을 다시 회수하면 언제라도 불평없이 되돌려 드려야 합니다. 주인은 창고의 물건이 당신의 것이기 때문에 당신의 필요에 의해서 언제라도 회수할 권리가 있는 것이요 창고지기는 불평없이 물건을 방출해 드려야 할 의무가 있는 것입니다(눅 12:20).

주의 종들은 자신의 소유, 재능, 지위, 권세, 자녀, 건강까지도 다 내 것이 아닌 주님의 것임을 알고 주의 일을 할 때는 물론이요 항상 어떤 일을 하든지 위의 네 가지를 명심하며 살아야 합니다. 이를 알고 일을 맡아야 불평없이 충성할 수 있는 것입니다. 불평이란 알고 보면 이를 알지 못한 무지와 욕심에서 비롯된 것입니다.

"각각 은사를 받은대로 하나님의 각양 은혜를 맡은 선한 청지기 같이 서로 봉사하라 만일 누가 말하려면 하나님의 말씀을 하려는 것 같이 하고 누가 봉사하려면 하나님의 공급하시는 힘으로 하는 것 같이 하라 이는 범사에 예수 그리스도로 말미암아 하나님이 영광을 받으시게 하려 함이니 그에게 영광과 권능이 세세에 무궁토록 있느니라 아멘"(벧전 4:10-11)

믿음의 자세로

기독교는 믿음의 종교입니다. 믿음은 신앙의 기초요(히 11:6) 구원의 전제이며(요 3:16), 섬김의 기본입니다(히 11:4). 아무리 큰 헌신과 공적을 쌓았다고 할지라도 그 행위의 출처가 믿음으로 말마암지 않는 것은 오히려 죄입니다(롬 14:23). 그러면 구체적으로 믿음으로 한다는 것은 무엇이겠습니까?
 • 첫째는 사람에게 보이기 위함이 아니고 하나님께 보이려고 일하는 것을 뜻합니다. 사람을 의식하게 되면 눈가림이 앞서게 됩니다. 칭찬하면 기쁘지만 비판받으면 마음이 상하여 시험받게 됩니다. 뿐만 아니라 바리새인들처럼 위선에 빠지기 쉽습니다. 그러나 하나님만 보고 일하게 되면 두려운 마음으로 진실하게 일하게 됩니다. 사람의 비판이 두렵지 않습니다.
 • 둘째는 내 힘 믿고 하는 것이 아니라 하나님 능력믿고 일하는 것을 뜻합니다. 가나안을 정탐하러 간 열 두 명의 정탐꾼이 똑같은 시각에, 똑같은 장소에서, 똑같은 사건을 목격하고

왔지만 보고의 내용은 정반대였습니다. 여호수아와 갈렙을 제외한 열 명은 "그들이 너무 장대하므로 가나안을 정복할 수 없다."고 하였습니다. 그러나 여호수아와 갈렙은 "정복할 수 있다."고 주장하였습니다.

이유가 무엇입니까? 이유는 간단합니다. 여호수아와 갈렙은 하나님을 본 것이고, 나머지 열 지파는 사람 즉 장대한 가나안 족속과 초라한 자신들을 본 것입니다. 사람을 보고 환경을 보자 믿음은 사라지고 두려움과 부정적 생각이 스며들고 말았습니다. 그러나 여호수아와 갈렙은 하나님을 보았기 때문에 긍정적 생각과 용기로 충만했던 것입니다(민 13: - 14:10).

그 결과는 안된다고 하는 부정적인 열 사람과 그에 동조한 무리 때문에 가나안 정복은 40년이나 지체되었습니다. 물론 그들은 믿음대로 못들어갔고요. 그러나 할 수 있다고 믿었던 여호수아와 갈렙은 하나님이 생명을 연장해서라도 들어가게 하셨습니다.

그렇습니다. 참 믿음이란 긍정적 사고요 환경이나 사람이 아닌 하나님을 바라보고 그 능력을 믿을 때 가능한 믿음입니다. 옛날이나 지금이나 하나님의 역사는 믿음의 역사입니다. 오늘날의 교회에도 이런 믿음의 사람들이 필요합니다.

"믿음이 없이는 하나님을 기쁘시게 못하니 하나님께 나아가는 자는 반드시 그가 계신 것과 또한 그가 자기를 찾는 자에게 상 주시는 이심을 믿어야 할지니라" (히 11:6)

"믿음으로 좇아 하지 아니하는 모든 것이 죄니라" (롬 14:23)

6
모범 제직이 되는 길

주님을 사랑하는 제직

"요한의 아들 시몬아 네가 이 사람들보다 나를 더 사랑하느냐 하시니 가로되 주여 그러하외다 내가 주를 사랑하는 줄 주께서 아시나이다 가라사대 내 어린 양을 먹이라" (요 21:15)

위의 말씀은 디베랴 바닷가에서 예수님과 베드로 두 분이 나눈 대화입니다. 철저히 회개한 이후였기 때문이기도 하지만 (마 26:75) 베드로에게 나타나신 예수님은 당신의 백성인 어린 양을 그에게 위탁하시면서 다른 조건은 아무 것도 묻지 않으시고 오직 한 가지, 당신에 대한 사랑의 고백만 물으셨습니다.

어찌 주님의 백성을 양육하는 일에 있어서 주님을 사랑하는 사랑 하나만으로 모든 자격을 다 갖추었다 할 수 있겠습니까? 주님의 양을 기르는 목자가 되려면 주님뿐만 아니라 양육해야 할 양(신자)도 사랑하고 또 양육할만한 실력도 있어야지요. 그러나 주님은 다른 조건은 다 제쳐두고 오직 사랑의 고백 한 가지만 물으셨습니다. 무엇 때문일까요? 아마 그것은 주님의 양을 치고 주의 일을 함에 있어서 기본이요 으뜸되는 자격 요건이기 때문일 것입니다.

예를 든다면 자녀를 키워줄 보모를 구하는 한 사람이 있다고 생각해 봅시다. 천하보다 더 귀한 내 사랑하는 자식을 맡아 키우고, 내 살림을 맡아 봉사해야 할 사람은 어떤 사람이어야 하겠습니까? 그 어떤 조건보다도 주인을 사랑하는 마음이 첫째일 것입니다. 아내된 부인들을 보세요. 어쩌다 남편과 다투어서 일시라도 남편을 미워하게 되면 어떻게 합니까? 죄없는 자식들을 매질하고 살림을 내팽개쳐 버리지 않습니까? 남편을 사랑하는 마음없이는 현모양처이고, 무엇이고 아무 것도 할 수 없는 것입니다. 남편을 사랑하는 마음이 우선적으로 갖추어질 때 모든 것이 가능한 것입니다.

그렇다면 주님의 어린 양을 먹이고 주님의 소유를 돌보아야 할 제직들에게 주님을 사랑하는 사랑이 있어야 함은 너무나 당연한 일이 아니겠습니까?

주님은 오늘도 당신에게 묻습니다. "네가 나를 사랑하느냐"고. 이 질문에 자신있게 "예" 할 수 없다면 귀하는 신앙의 연조나 능력과 관계없이 제직의 자격이 없다고 할 수밖에 없습니다. 왜냐하면 주님이 인정하시지 않을테니까요. 그러나 반대로 자신있게 "예" 할 수 있다면 열심히 봉사하십시오. 사랑은 뜨거운 열심으로 입증되는 것이니까요.

"부지런하여 게으르지 말고 열심을 품고 주를 섬기라"(롬 12:11)

교회를 사랑하는 제직

주님을 사랑하는 제직은 또한 그의 몸된 교회를 사랑해야 됩니다. 부부 사랑의 구체적 표현이 몸사랑이듯, 주님에 대한 사랑 역시 마찬가지입니다. 우리는 주님의 사랑하는 아내들입니다(계 19:7).

그러므로 우리는 그의 몸인 교회를 사랑해야 할 의무가 있습니다. 제직된 분들은 정말 교회를 사랑하는 마음이 있어야 합니다. 교회는 지상에 세워진 보이는 그 분의 몸이요 천국의 그림자이며, 은혜의 시은좌(출 25:18)입니다. 하늘에 계신 주님은 지상의 교회를 통해서 당신의 백성에게 은혜를 주시며 일해 나가시고 있습니다. 그래서 교회를 주님의 나라요 주 계신 성전이라 부르는 것입니다.

그리고 또한 모든 제직은 주의 일을 위해 부름받은 주의 일꾼들입니다. 그리고 주의 일을 해야 할 그 장소는 바로 우리가 몸담고 있는 교회입니다. 그러므로 무슨 일을 하든지 주님 사랑, 교회 사랑하는 마음으로 성심·성의껏 일해야 합니다. 그럴 때만이 주님도 우리를 믿고 일을 맡기시며, 더욱 더 사랑하실 것입니다. 교회 중직들의 공통점은 모두가 주의 교회를 내 몸 이상으로 사랑하고 섬김에 있습니다. 주의 일을 태만히 여기거나 이 핑계, 저 핑계로 게을리하는 자가 중직을 맡은 예는 결코 없습니다. 에서처럼 자격을 갖추지 못하고 하나님께 실격되면 주어지는 기회마저도 남에게 빼앗기게 되는 것입니다(창 27장).

"너희는 자기를 위하여 또는 온 양떼를 위하여 삼가라 성령이 저들 가운데 너희로 감독자를 삼고 하나님이 자기 피로 사신 교회를 치게 하셨느니라" (행 20:28)

교인을 사랑하는 제직

교회를 사랑한다는 것은 또한 교인을 사랑한다는 뜻입니다. 왜냐하면 교회는 곧 교인들이기 때문입니다. 교인들은 주님께서 피흘려 사신 당신의 백성들이요(고전 6:19-20) 하나님의 자녀들입니다(요 1:12). 그러므로 주의 종된 제직들은 주님께서 피흘려 사시고 또한 눈동자처럼 사랑하시는 교인들을 사랑해야 합니다. 교인들을 사랑하되 이렇게 사랑합시다.

- **첫째**는 한 사람, 한 사람의 생명을 천하보다 귀히 여깁시다(마 16:26).
- **둘째**는 교인들을 실족케 하는 일들이 없도록 합시다(마 18:6).
- **셋째**는 어린 교우들을 나의 자녀처럼 사랑합시다(딤전 1:2).
- **넷째**는 나이 많은 어른들을 부모처럼 공경합시다(딤전 5:1).
- **다섯째**는 가난한 교우들을 물질로 도웁시다(요일 3:17, 18).
- **여섯째**는 과부나 고아들을 돕고 위로합시다(딤전 5:3-4).
- **일곱째**는 시험에 든 교우들을 위해 기도합시다(약 5:13-18).
- **여덟째**는 믿음이 어리고 약한 자들을 붙들어 줍시다(롬 14:1-4).
- **아홉째**는 슬픔에 처한 교우들을 위로합시다(고후 1:3-11).
- **열째**는 실수를 이해하고 용서합시다(고후 11:1).
- **열 한째**는 남을 나보다 낫게 여기고 존경하는 마음을 가집시다(빌 2:3).
- **열 두째**는 시기·질투하거나 미워하지 맙시다(갈 5:19-21).

"네 양떼의 형편을 부지런히 살피며 네 소떼에 마음을 두라" (잠 27:23)

주의 종을 이해하고 협력하는 제직

사실 성경적으로 보면 하나님께서 많은 제직을 세우신 목적은 무슨 계급처럼 교회를 오래 다녔다는 표시로 준 것도 아니고, 논공행상(論功行賞)의 대가도 아닙니다. 오직 한 가지, 그것은 주님이 세운 종들에게 협력하게 하시기 위함입니다(출 4:14-16, 18:21-26 ; 막 3:13-14 ; 행 6:1-6).

그러므로 제직의 첫째 할 일이 그 무엇보다도 주님이 세운 종에게 협력하는 일입니다. 교회는 지분 따라 권리를 행사하는 주식회사가 아닙니다. 비유컨대 주님이 피흘려 세우신 교회인지라 신령한 의미에서 주님의 개인 회사입니다. 그렇다면 우리는 무엇이겠습니까? 주의 종들은 지사장(?), 기타 제직들은 부장과 차장·과장·직원(?) 등으로 비유할 수 있겠지요. 그러므로 아무리 민주주의, 민주주의 하더라도 제직은 교회를 제직의 뜻대로가 아닌 주님의 뜻대로 운영해야 합니다. 우리는 주님의 뜻을 이루기 위하여 봉사하고 주인이신 주님은 당신이 세운 지사장격인 종들을 통해 명령하시고 일하시는지라 지사장 격인 주의 종들에게 순종하고 협력하는 것이 곧 주님께 충성하는 일인 것입니다.

다음은 주의 종을 사랑하고 실수와 부족을 이해하는 일입니다. 사실, 주의 종들이나 일반 제직이나 주님이 잘났다고 세운 것은 아니지 않아요? 즐거운 마음으로 자원하여 종된 분들도 있지만 때로는 본인의 거절에도 불구하고 주님이 강권하여 당신의 종으로 세우기도 하시잖아요? 모세나 요나처럼 말입니다 (출 4:13 ; 욘 1:1-3).

　주님이 쓰시겠다고 강권하여 불러 세우셨으니 일할 뿐이지 결코 남보다 더 잘나서 주의 종이 된 것은 아닌 것입니다. 물론 처음부터 훌륭한 분이라면 얼마나 좋으시겠습니까만은 실력이나 인격이란 것이 어디 하루 아침에 이루어지는 것입니까? 많은 노력과 경륜을 거쳐야만 다듬겨지고 향상하는 것이 인간인즉 모든 제직들은 주의 종들의 부족과 실수를 이해하고, 그렇기 때문에 더욱 협력하는 제직이 되어야 합니다.

　협력하라고 당신을 제직으로 세우셨는데, 협력이 아니라 오히려 부족을 허물삼고 흔든다면 어떻게 되겠습니까? 당하는 종들도 괴롭겠지만 믿고 맡긴 주님이 얼마나 더 실망하시겠습니까? 잘나서가 아니라 주님이 세우셨으니 그리고 부족하기 때문에 더욱 협력하고 사랑하는 그리고 목회자가 평생 고맙게 여기는 그런 제직이 되어 봅시다.

　주의 종을 사랑하는 것은 주님을 사랑하는 일인지라 주님이 분명히 은혜로 갚아 주실 것입니다.

"너희를 영접하는 것은 나를 영접하는 것이요 … 또 누구든지 제자의 이름으로 이 소자 중 하나에게 냉수 한 그릇이라도 주는 자는 내가 진실로 너희에게 이르노니 결단코 상을 잃지 아니하리라" (마 10:40, 42)

　모든 제직은 넓은 의미에서 다 주의 종들이지만 특수한 의미에서의 주의 종이라 함은 주의 양 무리들을 먹이고 가르치는 분들 또는 전도를 전업으로 하다시피 복음 사역에 헌신하는 전도자들을 말합니다. 이들을 일컬어 주의 종 또는 성직자라 하는 것입니다. 사람들도 자기의 일을 할 때는 자기가 세운 종을 통해서 일하는 것처럼 주님도 당신의 종을 통하지 않으시고는 일하지 않으십니다(암 3:7).

그러므로 제직들이 주의 일을 한다는 것은 주의 종들이 하는 일을 돕고 협력하는 것입니다. 그리고 주의 종들에게 협력함에도 몇 가지 원칙이 있으니 다음과 같이 하시면 될 것입니다.

· **첫째**는 주의 종들을 신뢰해야 합니다(대하 20:20).
· **둘째**는 주의 종들에게 순종해야 합니다(히 13:17).
· **셋째**는 주의 종들을 도와야 합니다(눅 8:3 ; 고후 8:1 - 5).
· **넷째**는 주의 종들을 대접해야 합니다(갈 6:6 ; 빌 4: 18).
· **다섯째**는 주의 종들의 물질적 생활을 책임져야 합니 다(딤전 5:18).
· **여섯째**는 주의 종들을 비판하거나 근심케 말아야 합니다(롬 14:4 ; 히 13:17 ; 민 12:1,8 - 10).
· **일곱째**는 주의 종들을 대적하지 말아야 합니다(삼상 24:1 - 7 ; 민16:1 - 35).
· **여덟째**는 주의 종들의 연소함이나 부족함을 업신여기지 말아야 합니다(고후 11:1 ; 딤전 4:12).
· **아홉째**는 주의 종들의 방패가 되어야 합니다(창 19:6 - 8 ; 마 26:51).
· **열째**는 주의 종을 인간적으로 이해해야 합니다(갈4:12 - 15).

- **열 한째**는 종들을 위해 기도해야 합니다(행 12:5).
- **열 두째**는 종들의 진퇴문제에 간여하지 말아야 합니다(마 10:40, 16:22-23).

주의 종들도 인간인데 어찌 허물이 없겠으며, 제직도 인간인데 왜 주의 종들이 못마땅하거나 미워질 때가 없겠습니까? 그럴 때는 이렇게 하십시오. 더욱 기도하십시오. 그래도 안되거든 억지로라도 더욱 선대하십시오. 우는 자식에게 밥 한 술 더 주는 자세로 말입니다. 그래도 수용이 안되거든 주님께 맡기시고(주의 종이니까) 주님이 주의 종의 손을 들어 주거든 승복하십시오. 그것 조차도 할 수 없습니까? 그러하거든 조용히 떠나십시오. 그것은 피차를 위하고(창13:8-9) 주님을 위하는 길이기 때문입니다(고전 1:10-17 ; 행 15:36-41).

"… 너희는 하나님 여호와를 신뢰하라 그리하면 견고히 서리라 그 선지자를 신뢰하라 그리하면 형통하리라"(대하 20:20하)

깨어 기도하는 제직

기도는 기독교 신앙의 기본이기 때문에 교인이면 누구라도 해야하는 것이 기도이지만 특별히 제직 되신 분들은 기도에 대한 의무감을 가져야 합니다. 기도는 교회 섬김의 한 분야이기 때문입니다(눅 2:36-38).
- 하나님은 열심히 기도하는 교회를 축복하십니다(신 4:7 ;

렘 33:3).
- 열심히 기도하는 교회는 마귀도 시험하지 못합니다(마 26:41).
- 열심히 기도할 때, 자신이 은혜받고 성령 충만하여 능력의 제직이 됩니다(행 1:14, 2:4).

그러므로 모든 제직은 맡은 일의 충성 못지않게 기도하는 일에도 열심을 내야 합니다. 특별히 교회를 위한 기도를 할 때에는 아래의 사항을 준수합시다.

- **첫째**는 매일 교회 부흥을 위해 기도합시다.
- **둘째**는 교회가 마귀의 시험에 들지 않도록 기도합시다.
- **셋째**는 주의 종들과 성도들을 위해 기도합시다.
- **넷째**는 특별히 믿음이 어린 성도들과 환란이나 시험 중에 있는 성도들을 위해 기도합시다.
- **다섯째**는 자신의 맡은 사명 감당을 위해 기도합시다.
- **여섯째**는 나라와 한국의 모든 교회 그리고 세계 각국에 파송된 선교사들을 위해 기도합시다.
- **일곱째**는 시간과 장소를 정해서 기도합시다.

"나는 너희를 위하여 기도하기를 쉬는 죄를 여호와 앞에 결단코 범치 아니하고 …"(삼상 13:23)

열심히 전도하는 제직

전도는 주님께서 지상의 교회에 위임하신 지상 명령입니다 (마 28:18-20 ; 행 1:8). 그러므로 전도는 해도 되고 안해도 되는 선택 사항이 아니고, 교인이면 어느 누구를 막론하고 필히 해야 하는 의무사항입니다.

또한 전도는 하나님을 제일 기쁘게 해드리는 일이며(요 15:8 ; 눅 15장), 영적 스타가 되는 비밀이기도 합니다(단 12:3). 전도는 교회 부흥의 필수 요건이기도 하지만 부흥 유무를 떠나 지옥가는 자들을 천국으로 인도하는 이 세상에서 가장 훌륭한 일이요 선한 일입니다.

이렇게 귀한 일을 우리 제직이 앞장서서 해야지 누구에게 미루겠습니까? 제직은 적어도 1년에 1명 이상은 전도해야 합니다. 그리고 여러분의 삶의 터전과 직장은 성서적인 의미에서 본다면 단순한 일터가 아니라 복음을 전해야 할 선교의 현장입니다. 그리고 여러분은 그 곳에 파송된 전도자입니다. 그러므로 여러분은 일터에서의 맡은 직책에 대한 충성은 물론이요 선교에 대한 사명감을 가지고 일해야 합니다. 신기한 것은 전도란 파송받은 자의 사명감을 가지고 노력하면 되는 것이 전도이기도 한 것입니다. 이는 주님께서 전도자와 특별히 함께 하시기 때문입니다(마 28:20 ; 행 18:9).

그리고 효과적인 전도를 위하여 아래의 사항을 준수하고 적용해 봅시다.

· **첫째**는 전도 대상자를 미리 정합니다(목표).
· **둘째**는 전도 대상자를 위해 기도합니다(잉태).

- **셋째**는 관심을 가지며 투자를 해야 합니다(태교).
- **넷째**는 기회를 놓치지 말고 교회로 인도해야 합니다(해산).
- **다섯째**는 계속 관심을 가지고 돌보며 양육해야 합니다(양육).
- **여섯째**는 해당 기관과 구역에 편입하여 결속을 맺어 주어야 합니다(친교).
- **일곱째**는 우리의 일터를 선교의 장으로 만들어야 합니다.
- **여덟째**는 생활비 일부를 전도를 위해 할당, 투자해야 합니다.
- **아홉째**는 전도를 교회 봉사 최우선 순위에 두어야 합니다.

"너희가 나를 택한 것이 아니요 내가 너희를 택하여 세웠나니 이는 너희로 가서 과실을 맺게 하고 또 너희 과실이 항상 있게 하여 내 이름으로 아버지께 무엇을 구하든지 다 받게 하려 함이니라" (요 15:16)

말씀을 읽고 실천하는 제직

말씀은 신앙인의 영적 양식인고로(마 4:4) 읽으라 말라 할 성질의 것이 아닙니다. 살기 위해서라도 읽어야 하는 것이 성경입니다. 또 성경에는 우리를 향하신 하나님의 뜻이 기록되어 있고, 주님의 모습이 그려져 있으며, 봉사의 방법과 충성의 길이 다 기록되어 있습니다.

그렇기 때문에 성경을 읽고 성경 말씀대로만 살고 봉사하면 하자가 있을 수 없습니다. 그런데 이렇게 귀한 성경인데도 이

상한 것은 제직들이 성경을 읽지 않습니다. 성경을 읽지 않으니 하나님의 뜻을 알 수 없을 뿐더러 자신이 해야 할 일이 무엇이며, 어떻게 봉사하는 것이 교회를 위하는 것인지를 모릅니다. 그러다보니 자기 본위의 봉사를 하게 되고, 그야말로 헛소리와 잠꼬대 같은 소리를 할 때도 있는 것이며, 열심히 하는 것이 남의 영역을 침범하는 월권으로, 때로는 겸양의 미를 보인다는 것이 태만에 빠지게 되는 것입니다.

성경은 신앙의 표준일 뿐만 아니라 봉사의 지침서임을 명심하시고, 제직은 적어도 하루에 몇 장 정도는 정기적으로 읽어야 하며, 1년에 일독 이상은 해야 합니다. 그리고 읽은 말씀을 봉사에 적용하여 직분 봉사에 하자가 없도록 하는 제직이 됩시다.

"오직 너는 마음을 강하게 하고 극히 담대히 하여 나의 종 모세가 네게 명한 율법을 다 지켜 행하고 좌로나 우로나 치우치지 말라 그리하면 어디로 가든지 형통하리니 이 율법책을 네 입에서 떠나지 말게 하며 주야로 그것을 묵상하여 그 가운데 기록한 대로 다 지켜 행하라 그리하면 네 길이 평탄하게 될 것이라 네가 형통하리라" (수 1:7-8)

예배를 귀히 여기는 제직

이 세상에서 예배보다 더 거룩하고 귀한 시간은 없습니다. 왜냐하면 예배는 거룩하신 하나님과 그의 백성들이 만나는 장소요 시간이기 때문입니다. 그의 백성된 우리는 예배를 통해

하나님께 나아가게 되고(히 4:16), 하나님은 예배 시간에 찾아 오셔서 당신의 백성들에게 복주시는 것입니다(출 20:24).

어떤 의미에서 신앙의 성패는 예배의 성패에 있다고 해도 과언이 아닙니다. 예배에 실패한 가인은 인류의 첫 살인자가 되어 그 후손들의 종적을 찾아볼 수 없게 되었습니다. 하지만 예배에 성공한 아벨은 제물뿐만 아니라 그 자신이 하나님께 열납되어 인류 최초의 영광스런 순교자가 되었고, 그를 대신한 셋의 후예는 세월이 갈 수록 더 번성하여 큰 민족을 이루었습니다.

이로 볼 때, 이 세상에서 무엇보다 귀중히 여겨야 할 것이 예배요 내 자신과 자자손손이 복받기 위해서라도 예배는 귀중히 여겨야 하며 또한 어린 교우들의 신앙에 본이 되기 위해서라도 제직은 예배자로서의 본이 되어야 합니다. 예배 시간에는 언제라도 자기 자리를 지킬줄 아는 제직이 됩시다.

은혜로운 예배를 위해 다음 사항을 준수합시다.

- **첫째**, 제직은 모든 공예배(정한 정규 예배)에 참석합시다.
- **둘째**, 예배 시작 전에 참석하는 좋은 버릇을 가집시다.
- **셋째**, 예배드리는 자로서의 단정한 복장과 좋은 매너를 가집시다.
- **넷째**, 참석했다는 형식에 빠지지 않도록 마음과 뜻과 정성을 다하여 드립시다.
- **다섯째**, 하나님의 임재를 위해 기도하고, 신령과 진정한 예배가 되도록 노력합시다.

- **여섯째,** 옆 사람과 잡담하지 말고 마음이 흐트러지지 않도록 정신을 차리고 드립시다.
- **일곱째,** 아멘으로 화답하여 예배 순서에 잘 따릅시다.

주일을 철저히 지키는 제직

주일 성수가 성도의 기본 의무임은 제직으로서 모르실 분이 없기에 구구한 설명은 생략하기로 하겠습니다. 그러나 주일은 일주일 중 첫 날인 일요일인데, 신·구약 성경을 살펴보면 우리가 피상적으로 알고 있는 그 이상의 많은 의미를 발견하게 됩니다. 열거하면 아래와 같습니다.

1) 빛이 창조된 날입니다

"하나님이 가라사대 빛이 있으라 하시매 빛이 있었고 그 빛이 하나님의 보시기에 좋았더라 하나님이 빛과 어두움을 나누사 빛을 낮이라 칭하시고 어두움을 밤이라 칭하시니라 저녁이 되며 아침이 되니 이는 첫째 날이니라" (창 1:3-5)

2) 첫 곡식의 첫 이삭을 드린 날입니다

"여호와께서 모세에게 일러 가라사대 이스라엘 자손에게 고하여 이르라 너희는 내가 너희에게 주는 땅에 들어가서 너희의 곡물을 거둘 때에 우선 너희의 곡물의 첫 이삭 한 단을 제사장에게로 가져갈 것이요 제사장은 너희를 위하여 그 단을 여호와 앞에 열납되도록 흔들되 안식일 이튿날에(일요일) 흔들 것이며 …"(레 23:10-11)

* 유월절 일주일 기간 중의 안식일 다음 날(일)임. 곡식에 낫을 대는 첫 날이라고도 함(신 16:9).

3) 첫 곡식으로 떡을 만들어 제사드린 날입니다

"안식일 이튿날(일요일) 곧 너희가 요제로 단을 가져온 날부터 세어서 7안식일의 수효를 채우고 제7안식일 이튿날(일요일)까지 합 50일을 계산하여 새 소제를 여호와께 드리되 …"(레 23:15-16)

* 첫 이삭을 드린 요제 후 7주간이므로 7.7절(신 16:10) 또는 요제일부터 50일째 되는 날이므로 오순절(행 2:1), 밀보리를 추수한 후 지킨다 하여 맥추절(麥秋節)이라고도 함.

4) 유대인의 광야 생활을 기념하여 지키는 초막 생활이 시작되는 날입니다

"이스라엘 자손에게 고하여 이르라 7월 곧 그 달 1일로 안식일을 삼을지니 …(이는 나팔을 불어 기념할 것이요 성회라)"(레 23:24)

* 7월 1일, 8일, 15일, 22일, 29일이 안식일이 됨.

"너희가 토지 소산 거두기를 마치거든 7월 15일부터 7일 동안 여호와의 절기를 지키되 첫날에도 안식하고(15일의 안식일) 제8일(22일)에도 안식할 것이요 … 너희는 7일 동안 초막에 거하되(16-22일까지) 이스라엘에서 난 자는 다 초막에 거할지니 …" (레 23:39, 42)

* 초막에 거하는 7일의 첫째 날(16일)은 계산하면 일요일이 됨. 또한 장막에 거하기도 하여 일명 장막절(帳幕節) 또는 추수후 곡식을 저장하고 지킨다 하여 수장절(收藏節)(출 34:22)이라고도 함.

5) 율법이 반포된 날입니다

출애굽기 14장에 의하면 시반월 즉 3월초(출 19:1 - 제3월 곧 그 때에 = 3월이 될 때에)에 모세가 시내산에 오른 것으로 되어 있는데(3), 유월절부터(1월 15일) 계산하면 3월 1일은 46~47일이 되며, 입산 후 3일을 기다려 성결케 한 후 율법을 주신 것으로 되어 있습니다(출 19:10-25). 이를 계산하면 50여 일이 되는데, 유월절 후 50일째인 오순절은 어떤 경우에도 일요일인즉(레 23:15, 16) 일요일에 율법이 반포된 것으로 됩니다. 뿐만 아니라 유대인들은 전설적으로도 오순절에 율법이 반포된 것으로 믿고 있다고 합니다.

6) 예수님께서 부활하신 날입니다

"안식일이 다하여 가고 안식 후 첫날(일요일)이 되려는 미명에 … 예수께서 저희를 만나 가라사대 평안하뇨 하시거늘" (마 28:1, 9)

7) 성령이 강림하신 날입니다

"오순절 날이 이미 이르매 저희가 다 같이 한 곳에 모였더니 … 저희가 다 성령의 충만함을 받고 …" (행 2:1—4)

* 오순절은 어떤 경우에든 일요일임(레 23:15, 16).

8) 예수께서 사도 요한에게 나타나셔서 계시록을 전수해 주신 날입니다

"주의 날에 내가 성령에 감동하여 내 뒤에서 나는 나팔소리 같은 큰 음성을 들으니 가로되 너 보는 것을 책에 써서 … 일곱 교회에 보내라 하시기로 …" (계 1:10, 11)

이상으로 살펴보건대 신·구약을 막론하고 일요일의 의미가 엄청난 것임을 알 수 있습니다. 위의 말씀들로 유추해 보건대 어쩌면 예수님 탄생일도 일요일이 아닐까 하는 생각이 들며 (빛으로 오신 분이니까), 재림 또한 당신의 날인 이 날에 오시지 않을까 하는 생각이 드는 것입니다(마 18:20, 찬송 58장 3절).

그러므로 일요일은 성부, 성자, 성령 삼위 하나님께서 특별한 역사를 행하신 날이요 그런 의미에서 일요일은 주의 날(the lord day)이요 또한 주의 일을 하는 날(the day of holy works)이라고도 할 수 있겠습니다.

십일조를 드리지 않는 것을 죄라 함은 십일조가 하나님의 것이기 때문인 것처럼(말 3:8), 일요일(주일)도 주님의 날인고로 지키지 않으면 죄가 되는 것은 자명합니다(출 31:15).

그리고 안식일일지라도 제사장이 제단에서 하나님을 위하여 일하는 것은 죄로 취급하지 않았던 것처럼(마 12:5), 성도들이 주일날 교회에서 주의 일을 하는 것은 죄가 안되는 것입니다. 사실, 우리 평신도들은 주일날에도 주의 일을 하지 않으면 일생 동안 주의 일할 기회가 그렇게 많지 않음을 아셔야 합니다. 주일은 주의 일을 하는 날이라 생각하시고, 주의 일 많이 하여 하늘나라에 가서 많은 상받길 바라며, 주를 위한 수고자들의 예비된 하늘 안식에 들어가 편히 쉬며 안식의 복을 누리시길 축원하는 바입니다.

"또 내가 들으니 하늘에서 음성이 나서 가로되 기록하라 지금 이후로 주 안에서 죽는 자들은 복이 있도다 하시매 성령이 가라사대 그러하다 저희 수고를 그치고 쉬리니 이는 저희의 행한 일이 따름이라 하시더라"(계 14:13)

십일조를 성실히 드리는 제직

혹 어떤 이들은 십일조는 구약 시대의 율법이기 때문에 신약 시대에는 지킬 필요가 없다고 주장합니다(갈 5:4). 그러나 갈라디아서의 본의는 율법으로 구원얻으려는 것을 경계하신 말씀이지 윤리적인 문제를 폐하신 말씀은 아닙니다. 무엇보다도 우리는 예수님의 말씀을 따라야 하는데, 예수님께서는 무엇이라 하셨는지 말씀을 찾아봅시다.

"이에 가라사대 그런즉 가이사의 것은 가이사에게, 하나님의 것(십일조와 첫 열매 — 출 34:19 ; 레27:30)은 하나님께 바치라 하시니"(마 21:21)
"외식하는 서기관들과 바리새인들이여 너희가 박하와 회향과 근채의 십일조를 드리되 율법의 더 중한 바 의와 인과 신은 버렸도다 그러나 이것도 행하고(십일조) 저것도(義와 仁과 信)버리지 말아야 할지니라"(마 23:23)

이 말씀에 비춰볼 때 십일조는 신약 시대 때도 해야 하고, 그것이 주님의 뜻임을 알 수 있습니다. 물론 율법적 의미에서 드린다면 별 의미도 없고 하나님께서도 기뻐하지 않으시겠지만 신약 시대의 성도들은 오히려 십분의 일만이 아니라 십분의 절반이라도 드릴 수 있는 능력이 있다면 주님의 선교사업을 돕기 위하여 드릴 수 있어야 합니다(고후 9:13).

뿐만 아니라 십일조의 명령에는 많은 복이 약속된 명령이기에(잠 3:9-10 ; 말 3:8-12) 물질적 복을 받기 위해서라도 열심히 드려야 합니다. 그리고 십일조를 드림에도 몇 가지 원칙이 있으니

· **첫째**는 온전히 드려야 합니다(말 3:10).
· **둘째**는 첫 열매 정신으로 드려야 합니다(출 23:19).
· **셋째**는 미루지 말고 제 때에 드려야 합니다(출 22:29).
· **넷째**는 제일 좋은 것(새 논)으로 드려야 합니다(민 18:12).
· **다섯째**는 제일 좋은 것 즉 아름다운 것으로 드려야 합니다 (민 18:29).
· **여섯째**는 후하게 드려야 합니다(고후 9:13).
· **일곱째**는 내 것으로 드렸다 생각지 말아야 합니다(대상

29:14).
- **여덟째**는 복은 합격해야 받는 것이니 한 두 번 하다가 포기하지 말고 끝까지 해야 합니다(창 22:12-19).
- **아홉째**는 다른 제단에 바치지 말고 본인이 출석하고 있는 제단에 드려야 합니다(말 3:10 ; 갈 6:6).
- **열째**는 십일조 헌금을 가지고 어떤 선한 명목일지라도 다른 곳에 사용하지 말아야 합니다(마 21:21).

말씀에 비춰보면 십일조를 드리지 않는 분은 제직의 자격이 없습니다. 왜냐하면 하나님의 것을 도적질하는 도적이기 때문입니다(말 3:8). 이 세상에 아무리 인심좋고 후한 사람이 있다 할지라도 내 것을 도적질해 가는 도적에게 물건맡길 분은 아무도 없을 것입니다.
또한 교회의 재정 문제도 제직들만 철저한 십일조 생활을 한다면(개척 교회 같은 특별한 경우는 예외) 아마 남의 도움 받는 구차한 신세는 지지 않아도 될 것입니다.

"사람이 어찌 나의 것을 도적질하고도 말하기를 우리가 어떻게 주의 것을 도적질하였나이까 하도다 이는 곧 십일조와 헌물이라 너희 곧 온 나라가 나의 것을 도적질하였으므로 너희가 저주를 받았느니라 만군의 여호와가 이르노라 너희의 온전한 십일조를 창고에 들여 나의 집에 양식이 있게 하고 그것으로 나를 시험하여 내가 하늘 문을 열고 너희에게 복을 쌓을 곳이 없도록 붓지 아니하나 보라 만군의 여호와가 이르노라 내가 너희를 위하여 황충을 금하여 너희 토지소산을 멸하지 않게 하며 너희 밭에 포도나무의 과실로 기한 전에 떨어지지 않게 하리니 너희 땅이 아름다워지므로 열방이 너희를 복

되다 하리라"(말 3:8-12)

헌금에 인색하지 않는 제직

"예수도 돈 있어야 믿는다"는 어떤 믿음없는 신자들의 넋두리처럼, 사실 따지고 보면 교회에 드리는 헌금의 종류도 많은 것이 사실입니다. 십일조 외에도 감사 헌금, 건축 헌금, 선교 헌금, 주일 헌금, 그리고 매 절기마다 드리는 절기 헌금 등등 많습니다.

그러나 이 모든 헌금은 십일조를 제외하면 의무 규정이 아니므로 시험들 정도로 너무 염려할 필요는 없습니다. 헌금을 하지 않는다고 어떤 제재나 벌칙이 있는 것도 아니니까요. 그러나 제직쯤 되었으면 헌금드리는 일로 시험에 드는 일은 없어야 합니다. 오히려 일반 교우들에게 본이 되고 교회 운영과 선교 사업에 동참하는 의미에서는 어느 정도의 의무감은 가져야 되지 않나 생각합니다.

그리고 십일조 외의 헌금은 액수가 정해지지 않았기 때문에 각각 자기 신앙과 능력에 따라 본인들이 마음으로 정해서 드리면 됩니다만(고후 4:7) 필자는 우리 교회에서 이렇게 가르치고 있습니다(성경의 가르침이 아니니 참소만 할 것).

- **성탄절 및 부활절 헌금** – 사돈 집 길흉 행사 시의 부조금 정도(최하).
- **맥추절 및 추수 감사절 헌금** – 거둔 비례로(많이 거둔 자

는 많이, 적게 거둔 자는 적게).
- **주일 헌금** – 시장에서 스승을 만났을 때의 식사 한 끼 대접 정도.
- **목적성 헌금**(건축 헌금. 선교 헌금 등) – 능력따라 정한 대로(고후 9:7).
- **감사 헌금** – 감사 내용과 능력따라 부끄럽지 않게(고후 9:13).

  예수님께서 말씀하시길 "네 보물이 있는 그 곳에는 네 마음도 있느니라"(마 6:21)고 하셨습니다. 현대인들의 보물은 돈입니다. 그래서 사람들의 마음은 가슴에 있는 것이 아니라 돈에 있고 물질에 있습니다. 우리가 하나님께 돈으로 예물을 대신하는 것은 하나님도 돈을 좋아하시기 때문이 아니라 돈에는 이렇게 우리 인간의 마음과 애착이 담겨있는 것이기 때문입니다. 즉 돈을 받으시는 것이 아니라 돈에 담긴 우리의 마음과 정성을 받으신다는 말씀입니다.
  그리고 돈을 세상에 쌓아두면 우리 마음도 세상에 있을 것이고 그것을 하늘에 쌓아두면 우리 마음도 하늘에 있을 것이고 …. 돈 벌기 위하여 외국가신 분이 돈을 벌어서 본국으로 송금하지 않고 그 곳에 묻어두거나 거기서 다 소모해 버리는 분이 있다면 우리는 그를 어리석은 자라고 말할 것입니다. 그러나 우리가 이런 어리석은 자는 아닌지 반성해 봅시다. 우리 신자의 영원한 본향이 어디입니까? 하늘나라임을 안다면 결코 하늘나라를 위하여 투자하는 것을 망설이거나 인색해서는 아니될 것입니다. 또한 이것은 세속에 있는 우리의 마음을 천국에 붙잡아 두는 지혜이기도 하고요.

"너희의 후한 연보를 인하여 하나님께 영광을 돌리고 또 저희가 너희를 위하여 간구하며 하나님이 너희에게 주신 지극한 은혜를 인하여 너희를 사모하느니라 말할 수 없는 그의 은사를 인하여 하나님께 감사하노라"(고후 9:13하—15)

자기를 버릴 줄 아는 제직

자기를 버리는 것은 주님의 일꾼되는 필수 조건입니다. 주님께서 제자들에게 말씀하시길 "아무든지 나를 따라 오려거든 자기를 부인하고 자기 십자가를 지고 나를 좇을 것이니라 누구든지 제 목숨을 구원코자 하면 잃을 것이요 누구든지 나를 위하여 제 목숨을 잃으면 찾으리라"(마 16:24, 25)고 하셨기 때문입니다. 자기를 버린다는 것은 자기의 주의 주장 또는 자기 방법을 포기하는 것을 의미하는데, 그렇게 쉬운 일은 아닙니다. 모두가 제 잘난 멋에 사는 것이 인간이고, 나름대로의 주관을 가지고 사는 것이 인간이기 때문입니다.

그런데 왜 버려야 합니까? 우리는 주의 종이기 때문입니다. 종이 이유가 있고, 주관이 있고, 주의·주장이 있어서는 아니 됩니다. 종에겐 오로지 시키는 대로 순종만 있어야 할 따름입니다. 교회는 주님의 일터로서 주님의 뜻이 이뤄지는 곳이지 내 뜻을 이루는 곳은 결코 아닙니다.

그러므로 우리는 교회의 일을 할 때에 절대로 자기 주의·

주장을 내세우거나 관철하기 위해 인간 방법을 동원하는 그런 종들이 되어서는 아니 됩니다.

"내 뜻대로 마옵시고 아버지의 뜻대로 되기를 원하옵니다" 하는 겟세마네 동산의 주님의 기도가 종 된 우리의 기도여야 하며, "죽기까지 복종하였으니 곧 십자가의 죽으심이라"(빌 2:8)는 주님의 복종이 우리의 복종이 되어야 합니다.

이것은 종 된 자들의 의무일 뿐만 아니라 은혜받는 비밀이기도 합니다. 향유 냄새가 옥합을 깨뜨렸을 때 온 집에 가득하였던 것처럼(요 12:3), 나를 통한 성령의 흐름도 자신이 깨어지고 자기를 버렸을 때만 가능한 것입니다(갈 5:16-25). 신자가 예수님을 나의 주로, 하나님을 아버지로 고백한 것은 이미 성령이 내 안에 계신 증거입니다(롬 8:15,16 ; 고전 12:3) 그러나 왜 어떤 이의 삶에는 성령의 능력이나 열매가 없는 것일까요? 물론 충만되지 못한 상태이기 때문이기도 하지만 그보다도 더 큰 원인은 우리의 옛 사람 또는 자아가 죽지 않아서입니다. 사실은 신앙의 가장 큰 적은 마귀가 아니라 어쩌면 자기 자신인지도 모릅니다. 왜냐하면 성령을 대적하는 자가 바로 자기 자신의 욕심 때문이요(갈 5:16-21) 마귀가 침투하는 출구이기 때문입니다(약 3:13-18).

그래서 로마서를 보면 육신으로 말미암은 것은 하나님께서 기뻐하시지도 않으실 뿐더러 인정도 하시지 않는 것입니다(롬 8:5-13). 주님을 위하는 일이라고 다 주님의 뜻도 아닐 뿐더러 기뻐하시지도 않는다는 것을 알아야 합니다(마 16:23).

우리 기독교의 신앙 생활은 타 종교나 학문처럼 육신의 강화가 아니라 반대로 육신을 깨뜨리는 삶입니다. 내가 깨어지지 않고는 아무 것도 할 수 없는 것이 신앙 생활입니다. 내가 온전히 깨어지고 버릴 때, 다시 싸매시고 새롭게 하시는 주님의 따뜻한 손길이 임하시는 것입니다.

그러므로 말씀 앞에 내 주관을 버리고, 공론 앞에 내 사견을 버리며, 목회 방침에 내 방법을 포기할 줄 아는 제직만이 참 제직이 될 수 있는 것입니다. 그리고 목회자 자신도 주의 종인 이상 자기 주의·주장을 너무 고집부려서도 아니되겠지만 특히 평신도는 목회관이나 나름대로의 복안을 가져서는 절대 안 됩니다. 교회 역사 중 평신도가 교회의 주권을 가지고 좌지우지하는 교회치고 부흥된 예가 없습니다. 그것은 평신도에게 맡긴 달란트도, 권한도 아니기 때문입니다.

참 종이길 원하시면 과감히 버리십시오. 그리고 그 분의 뜻을 알고 순종하기 위하여 엎드리십시오. 그럴 때만이 여러분은 그 분의 종일 수 있습니다.

"또 무리들에게 이르시되 아무든지 나를 따라 오려거든 자기를 부인하고 날마다 제 십자가를 지고 나를 좇을 것이니라 누구든지 제 목숨을 구원코자 하면 잃을 것이요 누구든지 나를 위하여 제 목숨을 잃으면 구원하리라"(눅 23-24)

핑계하지 않는 제직

사람에겐 누구나 실수가 있는 것이 정상이고, 때로는 본의 아닌 시행 착오로 일을 그르칠 수도 있는 것이며, 부득이한 일로 맡은 일을 감당치 못할 때도 있습니다. 그러나 우리가 이런 누를 범할 때, 꼭 한 가지 기억할 일이 있습니다. 그것은 핑계를 대지 않는 일입니다.

잘못은 솔직히 시인하고, 책임질 것은 질려고 하는 자세는 하나님 앞에서 충성 못지않게 아름다운 것입니다(삼하 12:13). 그러나 이상하게도 아담의 후예들이어서인지 잘못에 대한 시인과 사과보다는 핑계하려는 사람들이 너무 많습니다. 핑계를 통하여 자기의 잘못을 합리화하려 하고, 심지어는 정당화하려 하기까지 합니다.

그러나 여러분 어떤 핑계와 이유를 막론하고 그것이 하나님 앞에서는 정당화될 수 없습니다. 인류의 시조 아담 하와를 보십시오. 그들은 하나님이 금하신 선악과를 따 먹고 나서 하나님이 추궁하실 때 얼마나 많은 이유와 핑계를 둘러댔습니까? 그런데 그 많은 이유와 핑계에도 불구하고 하나님의 심판을 면하거나 동정을 받을 수는 없었다는 사실입니다(창 3장 ; 마 25:24-30). 그보다는 오히려 많은 죄를 짓고도 자기 잘못을 솔직히 시인하고 참회한 다윗은 하나님의 용서와 긍휼을 받았던 것입니다(삼하 12장).

이로 볼 때, 핑계라는 것은 어쩌면 마귀가 가져다 주는 얕은 꾀인지도 모릅니다. 그러므로 마귀를 이긴다는 것은 어떤 의미에서는 핑계거리를 이기는 것이라 할 수 있습니다. 때로는 정당한 핑계가 있을 수도 또는 이유가 될 수도 있겠지만 그것이 하나님의 성적표에는 실격으로 기록됨을 알아야 합니다(창 3장).

그러므로 우리 제직들은 맡은 일에 충성하라는 말씀대로 일단 일을 맡았으면 꼭 책임지고 해내겠다는 책임 의식을 가지고 봉사해야 하지만 부득이한 일로 불충성했으면 솔직히 잘못을 시인하고 회개하는 자세를 가져야 합니다.

뿐만 아니라 우리 제직들은 남의 죄까지 대신지시고 대속의 죽으심을 당하신 주님을 본받아 어떤 경우에는 나와 관계도 없고 직접적인 책임이 없을지라도 도의적 책임감과 연대 의식의 책임감도 가질 줄 아는 제직이 되어야 합니다. 서로 "나 때문이야" 하고 종아리를 걷는 그 곳에 하나님의 치유와 싸매심이 있고, 전화위복의 은총이 임하는 것입니다.

"그가 대답하되 나를 들어 바다에 던지라 그리하면 바다가 너희를 위하여 잔잔하리라 너희가 이 큰 폭풍을 만난 것이 나의 연고인 줄 내가 아노라 하니라" (욘 1:12)

법을 지키는 제직

많은 사람들이 은혜와 법은 서로 상치하는 대립 관계로 알고 있습니다. 그래서 '은혜롭게 하자'는 것은 곧 법을 무시하자는 것으로 이해될 때가 많이 있습니다.

물론 성서적인 의미에서 본다면 일리있는 말이기도 합니다. 왜냐하면 은혜는 율법으로부터의 자유이기 때문입니다(롬 7장 ; 갈 5:4). 그러므로 은혜롭게 하자는 것은 법을 무시하자는 말로 들릴 수도 있습니다.

그러나 꼭 기억할 일이 있습니다. 법을 무시하면 질서에 혼란이 오고, 질서 혼란은 곧 조직체의 붕괴를 가져온다는 사실을 말입니다. 그 대표적인 한 예가 인류의 시조였던 아담 하와 내외 분의 실낙원 사건입니다. 아담 하와 내외 분이 하나님이 법으로 주신 '선악을 알게 하는 나무의 실과'를 먹지만 않았던들 그 분들 자신은 물론이고 그 분의 후손된 인류가 이런 비극은 겪지 않았을테니 말입니다.

흔히들 "법이 사람을 위하여 있지 사람이 법을 위하여 있는 것은 아니지 않느냐"고 말을 합니다. 맞는 말입니다. 법이 사람을 위하여 있지 사람이 법을 위하여 있는 것은 아닙니다. 사람이 없었더라면 법이란 있을 필요도 없는 것입니다. 그러나 조심할 것은, 이 말이 "그렇기 때문에 법은 무시해도 또는 이현령 비현령(耳懸鈴 鼻懸鈴) 식의 해석이나 조석변개(朝夕變改)로 해도 된다"는 뜻은 아닙니다. 시대와 상황에 맞지 않을 때는 고칠 수도 있는 것이 법이긴 하지만 일단 법이 제정되었으면 지켜야 하는 것이 법이요 사람을 위한 법이기 때문에 사람이라면 법은 더 잘 지켜야 하는 것입니다. 법은 어느 정도의 자유를 제약하는 굴레가 될 때도 있지만 법의 적극성은 조직을 보호하는 망이요 울타리인 것입니다. 아담 하와가 법만 지켰더라면 결코 마귀가 에덴 동산을 침범하지는 못했을 것입니다.

그리고 범법은 은혜로울 때는 별 탈이 없는데, 변수가 생길 때는 큰 혼란과 문제를 야기할 수도 있고, 올무가 될 수도 있는 것입니다. 왜냐하면 때로는 나쁜 전례도 법과 같은 효력을 가질 때가 있기 때문입니다. 그 전례가 법에 하자가 없는 경우는 유익할 때도 있습니다만 그 전례라는 것이 법을 무시한 '은혜롭게 한 전례'였을 경우는 후일에 하나의 돌부리가 되는 일들이 적지 않습니다.

  은혜로워야 할 교회가 때로는 마귀의 수중에 빠지기도 하고, 시험과 환란을 당하는 배후를 분석해 보면 하나같이 법을 무시한데서 기인하고 있음은 우연의 일이 아니라 하겠습니다.

  조직 사회의 유지는 법의 준수로 지탱되는 것인 만큼 교회도 예외일 수는 없습니다. 교회의 분위기는 은혜로 충만해야지만 또한 준법을 통해 마귀가 개입하지 않도록 해야 합니다. 이런 일은 교회의 일꾼된 제직 여러분들이 솔선하여 지킬 일입니다.

오직 너는 마음을 강하게 하고 극히 담대히 하여 나의 종 모세가 네게 명한 율법을 다 지켜 행하고 좌로나 우로나 치우치지 말라 그리하면 어디로 가든지 형통하리니 (수 1:7)

덕이 있는 제직

고린도전서 10장 23절에 이런 말씀이 있습니다.

"모든 것이 가하나 모든 것이 유익한 것이 아니요 모든 것이 가하나 모든 것이 덕을 세우는 것이 아니니"

이 말씀은 우상 제물 문제에 대한 교훈의 말씀이긴 합니다만 우리의 모든 삶의 영역에 같이 적용되는 말씀이기도 한 것입니다. "가"한 것이면서도 유익과 덕보다는 유해하고 부덕스러운 일도 참으로 많습니다. 예를 들면 잘못을 저지른 사람을 보고 잘못했다고 지적해 주는 일은 분명히 가한 일이지만 그 지적이 여러 사람 앞에서 그 사람에게 망신을 주는 지적이라면 그것은 피차 간에 유익은 고사하고 백해무익한 것이며, 그 사람을 바로 잡아주는 것이 아니라 인격의 매장과 관계의 악화로 인하여 원수가 될 수도 있는 것입니다.

이런 일은 교회 생활에도 예외는 아닐 것입니다. 때때로 교회도 인간이 모인 집단이다 보니 은혜스럽지 못한 일이 발생되기도 합니다. 이런 일로 인해 때로는 제직회나 소관 부서의 회의 석상이 잘못을 저지른 사람을 비방하는 성토장이 되기도 합니다. 이유를 들어보면 다 일리가 있습니다. 상대방이 이러이러한 잘못이 있어서 바로 잡기 위해서랍니다. 잘못을 지적하고 그 잘못을 바로잡기 위함이라면 분명 그 성토는 "가"한 것이라 할 수 있겠지요. 그러나 그 가한 소리가 과연 유익과 덕도 가져오는 "가"일까요?

그 결과는 아마 그 반대일 것입니다. 첫째는 은혜로워야 할 회의의 분위기를 깨뜨려 삭막하게 합니다. 둘째는 상대방의 마음에 큰 상처를 주었습니다. 셋째는 그로 하여금 교회 일에 방관자 및 비협조자로 만들게 됩니다. 넷째는 감정에 치유가 안되면 교회를 떠날 가능성도 있습니다. 다섯째는 자신을 성토한 분과는 보이지 않는 담을 쌓게 되며 형제를 잃게 됩니다. 여섯째는 교회 전체 분위기를 흔들어 부흥에 지장을 초래합니다.

보십시오. 가한 소리가 덕을 겸하지 않으면 아무 것도 아닙니다. 상처를 주는 비수(匕首)가 될 수도 있고, 악마의 독이 될 수도 있는 것입니다.

그러므로 교회 일꾼은 똑똑한 사람도 필요하나 그보다는 덕스런 사람이 더 필요한 것입니다. 큰 실수라도 이해하면 넘어갈 수 있는 것이요 하나님께 맡기고 기도하면 전화위복이 되는 것이 교회 일입니다. 그러나 반대로 작은 일이라도 자꾸 긁으면 부스럼이 되고, 종기가 되며, 부흥을 가로막는 불치의 암적 요소도 될 수 있습니다.

"주여 형제가 내게 죄를 범하면 몇 번이나 용서하여 주리이까 예수께서 가라사대 일흔 번씩 일곱 번이라도 할지니라" (마 18:22)

대가를 바라지 않는 제직

열왕기하에 보면 아람 장군 나아만이 이스라엘의 선지자 엘리사에게 와서 문둥병이라는 엄청난 병을 고침받게 되는 기사가 있습니다. 나아만은 너무나 고마워서 엘리사에게 사례를 하려 했으나 엘리사는 이를 정중히 거절하고 돌려 보냅니다. 아마 이렇게 한 것은 이방인 나아만으로 하여금 이스라엘의 하나님을 인정케 하고, 그가 사는 동안 평생 하나님의 은혜를 감사케 하려는 의도가 아닐까(?) 하고 필자는 나름대로 추측해 봅니다. 왜냐하면 엘리야가 나아만의 사례를 받게 되면 나아만은 그것으로 자기 병고침에 대한 보상을 다했다 생각하여 은혜를 저버릴 수도 있기 때문이지요.

그런데 엘리사에게는 수종드는 게하시라는 종이 있었는데, 그는 스승의 하시는 일에 이해가 되질 않았습니다. 이 큰 은혜를 입히고 그냥 돌려보내는 것이 못마땅했던 것입니다. 그래서 그는 엘리사 모르게 나아만 장군을 뒤쫓아가서 엘리사가 마음을 바꾸었다고 거짓말을 하며 그 선물을 받아왔습니다. 그 결과 어떻게 되었습니까? 게하시는 나아만 장군이 걸렸던 문둥병에 걸리고 말았습니다(왕하 5:15).

또한 아간의 이야기도 우리는 잘 알고 있습니다. 여리고 함락시 하나님이 금하신 탈취물 중 얼마를 숨겼다가 가족 전체가 심판을 받게 됩니다(수 7장).

물론 위의 두 경우는 직접적인 원인이 게하시의 거짓과 아간의 불순종이 빚은 결과이긴 하지만 그보다 더 큰 근원은 수고에 대한 대가의 바램이었습니다.

"스승이 또는 내가 이렇게 수고를 했는데 대가가 없다니 …."

그러나 여러분, 교회를 위한 수고의 대가는 교회가 주는 것이 아닙니다. 교회의 주인되신 주님이 직접 주십니다. 여러분의 생업을 통해서, 후손을 통해서 그리고 궁극적으로는 하늘나라의 보다 아름답고 값진 영원한 것으로 갚아 주시는 것입니다. 주님같이 계산이 분명하신 분은 없습니다.

땅에서 바라는 작은 대가가 이 큰 상급을 잃게 되고, 이 욕구가 진하게 되면 게하시나 아간 또는 가룟 유다의 길을 걸을 수도 있음을 유의하시길 바랍니다.

"이에 베드로가 대답하여 가로되 보소서 우리가 주를 위하여 모든 것을 버리고 주를 좇았사오니 그런즉 우리가 무엇을 얻으리이까 예수께서 가라사대 내가 진실로 너희에게 이르노니 세상이 새롭게 되어 인자가 자기의 영광의 보좌에 앉을 때에 나를 좇는 너희도 열 두 보좌에 앉아 이스라엘 열 두 지파를 심판하리라 또 내 이름을 위하여 집이나 형제나 자매나 부모나 자식이나 전토를 버린 자마다 여러 배를 받고 또 영생을 상속하리라"(마 19:27—29)

책망을 달게 받는 제직

어느 누구를 막론하고 칭찬듣기는 좋아하여도 책망을 달게 받는 사람은 그렇게 많지 않습니다. 요즘 도회지 교회에서는 징계가 사라진지 오래되었습니다. 이유인즉 그것은 모든 교인들이 잘못한 것이 없어서 그런 것이 아니고, 아무리 잘못한 사람이라도 징계를 주면 달게 받는 것이 아니라 대적하며 오히려 "어서 오십시오" 환영하는 이웃 교회로 떠나게 되기 때문입니다. 현대 교회는 잘못은 있는데, 회개와 징계는 없어져 가는 교회가 되고 있습니다. 안타까운 일입니다.

그러나 대장장이의 억센 망치질이 예리한 칼을 만들듯 사람의 인격도 잘못을 꾸짖어 주는 훈계와 책망 속에 형성되며, 하나님의 쓰임받는 그릇으로 만들어져감을 알아야 합니다. 이미 우리 모두가 익히 들어서 잘아는 일화이지만 제자인 목사에게 책망받고 눈물로 회개하는 조만식 장로님의 이야기, 사탄이라는 질책을 받고도 서운해하지 않는 베드로의 이야기(마 16:22)는 제직된 우리 모두가 본받아야 할 덕스런 일화들이 아닐 수 없습니다. 이는 또한 은혜받는 비결이기도 하구요.

또한 우리는 귀신들린 딸 아이를 고치고자 예수님께 데려왔다가 칭찬은 고사하고 엄청난 인격의 모욕과 무안을 받는 수로보니게 여인의 이야기를 잘알고 있습니다. 여인은 자존심 강한 현대인들처럼 분노와 적개심을 가질 수도 있었으나 그러지 않았습니다. 만일 분노하고 돌아섰다면 결코 딸의 고침은 기대할 수도 없었을 것입니다. 이스라엘 사람의 입장에서는 이방인은 개요 짐승이었습니다. 주 되신 하나님도 모르고 살았을 뿐만 아니라 도덕과 윤리적으로도 그러하였고, 근본적으로는 선민에서 제외된 민족이었기 때문입니다.

개라고 하신 것은 엄청난 모욕적인 언사였지만 수로보니게 여인은 자기 입장에서 듣지 아니하고 객관적인 즉 이스라엘 민족의 입장에서 주님의 말씀을 수용한 것입니다. 그러나 사실에 있어서는 어찌 선민 이스라엘 민족의 입장에서만 개같은 이방인이겠습니까? 이방인은 물론이요 선민 이스라엘 민족도, 우리도, 세계 모든 만민이 다 죄 아래 있는지라 모두가 개요 짐승이요 죄인이지요.

비록 예수님 때문에 믿음으로 의롭다함을 받고 하나님의 종들이 되었지만 그 의는 하나님이 의롭게 봐주시는 의(義)이지 본질적으로 의롭게 된 것은 아닙니다. 우리 각자가 자신의 근본을 안다면 어찌 책망이 두렵고 자존심 운운할 수 있겠습니까? 하나님의 은혜는 자신의 근본을 알고 인정하며 자존심의 장애물을 뛰어넘는 자만이 받을 수 있는 은혜입니다.

나이 어린 교역자라 할지라도 강단에서 질책하는 말씀에는 은혜로 받으십시오. 신성한 강단을 설교자 개인의 감정 발산의 장소로 만들어서도 안되겠지만 설령 그러할지라도 교회의 화평과 종의 권위를 위하여 똑같이 감정으로 받지 말고 "깨우쳐 주셔서 감사합니다." 하고 달게 받으십시오. 왜냐하면 그것은 또한 받을 화를 사전에 차단하는 은혜도 될 수 있기 때문입니다(눅 6:25).

사랑하는 제직 여러분!

책망을 달게 받는 제직이 되어 오늘 이 시대에 훈훈한 감동을 주는 베드로가 되고, 조만식 장로가 되십시오. 그러할 때, 그대들의 이름은 하늘의 별과 같이 아름답게 더욱 빛날 것입니다.

"책망을 받는 모든 것이 빛으로 나타나나니 나타나지는 것마다 빛이니라" (엡 5:13)

성령이 충만한 제직

성령 충만은 원래부터 제직의 자격 요건 중의 하나였습니다. 사도행전 6장에 보면 당시 교인 수가 많아 구제 문제 같은 다양한 문제들이 일어났고, 이를 감당하기 위해서는 사도들만 가지고는 역부족이었던 것입니다. 그래서 사도들은 말씀 전하는 것과 기도하는 것에 전념키 위하여 구제를 비롯하여 잡무를 맡을 일꾼(집사)이 필요했던 것입니다. 여기서 뽑힌 일곱 집사가 기독교 최초의 집사였는데, 피택의 기준이 첫째가 성령 충만한 사람, 둘째가 지혜가 충만한 사람, 셋째는 칭찬받는 사람이었습니다(행 6:3).

  그렇습니다. 주의 일을 맡을 제직은 무엇보다도 성령이 충만한 자여야 합니다. 주의 일은 영(靈)의 범주에 속한 하나님의 일이기 때문에 세속적 방법이나 힘으로는 감당할 수 없는 것입니다. 하나님의 일은 하나님이 주시는 능력, 성령으로만 가능한 것입니다(슥 4:6).

  예컨대 사람낚는 어부(전도자)로 부르심을 받은 베드로를 보십시오. 자기 힘으로는 전도는 고사하고 위기 시에는 스승마저 부인하며 저주하였던, 자기 목숨 하나도 구원할 수 없었던 베드로였습니다. 그런 베드로가 얼마 후 돌변하여 하루에 3천 명, 5천 명씩이나 전도를 할 수 있었던 비밀은 바로 성령충만이었습니다(행2:3, 4:8).

  어찌 전도만 그러하겠으며, 사도직과 집사직만 그러하겠습니까? 하나님의 모든 일이 영에 속한 일일진대 전도도, 봉사도, 가르침도, 찬양도 성령의 충만함이 없이는 모두가 불가능한 일입니다. 주의 일은 성령이 충만할 때 효과적으로 감당할 수 있는 것입니다.

  또한 성령 충만은 사명 감당에만 필요한 것이 아니라 타인에게 주의 사랑을 베풀며 예수의 형상을 보여주는 길이기도 합니다.

  그러므로 제직들은 모든 기도에 우선하여 성령 충만을 위해 기도해야 할 것입니다. 사명 감당의 비밀은 성령 충만입니다.

"이는 힘으로 되지 아니하고 능으로 되지 아니하며 오직 나의 신으로 되느니라" (눅 4:6)

7

모범 제직의 모델

예술가가 좋은 작품을 만들기 위해서는 재능 못지않게 중요한 것이 있는데 ,그것은 바로 모델입니다. 그림이든 조각품이든 좋은 모델이 있을 때 보다 더 좋은 작품을 만들 수 있습니다. 모델이 없으면 자기 생각대로 만들어져서 개성은 있을지 몰라도 만족할 만한 작품을 만들 수 없는 것입니다.

그런 의미에서 본다면 신앙 생활도 그리고 직분에 따른 봉사 생활도 마찬가지가 아닐까 생각합니다. "열심을 품고 주를 섬기라" 하셨지만 섬김의 교본도 없이 그리고 본이 될만한 모델도 없이 그냥 열심만 내서는 결코 하나님이 기뻐하실 만한 봉사를 할 수 없습니다. 우리는 주위에서 너무나 많은 열심의 부작용을 보고 있지 않습니까? 열심이 죄가 될 수는 없지만 내 맘대로의 열심은 태만 못지않은 위험을 초래한다는 것도 아셔야 합니다. 이런 누를 범하지 않으려면 먼저 봉사의 규범을 따라야 하겠거니와 나름대로의 본받을 만한 모델을 정하여 배우고 따르는 것도 지혜일 것입니다.

본받을 만한 일꾼들은 우리 주위에 참으로 많습니다만 아무래도 만인이 공통적으로 따를 인물을 찾는다면 성경에서 찾아야 하겠지요. 직분에 따라 모델로 삼을 만한 인물들을 찾아 봅시다.

목사 – 예수님처럼, 모세처럼

목회자로서 대표될 만한 모델을 찾는다면 아무래도 목자장 되신 예수님과 광야에서 이스라엘 백성들을 인도하신 모세를 빼놓을 수 없겠지요. 예수님이나 모세나 모두가 선택된 하나님의 백성들을 인도함에 있어서는 좋은 목자의 표상이 될 수 있다고 봅니다.

먼저 예수님에게서 배울 점입니다. 예수님은 당신 스스로도 선한 목자라 하셨고 그 선한 목자의 모습이 사복음서 전체에 적나라하게 나타나 있습니다. 목자에 대해 보다 더 구체적으로 언급한 말씀인 요한복음 10장에서 몇 가지를 더 찾아 보도록 하겠습니다.

1) 양 우리로 들어갈 때 양의 문으로 들어가는 자가 선한 목자입니다(1 - 2절)

문은 7절에 의하면 곧 예수님 자신인데, 아마 이는 예수님에 의하여 선택되고 정식으로 파송된 종들을 의미함이라 하겠습니다. 목회자들은 깊이 생각해 보아야 합니다. 신학교를 졸업하고 목사로 임직만 되었다고 다 목자가 아닙니다. 주님으로 말미암음인지 그리고 목양지 선택 역시 정치적 결탁이 아닌 주님으로부터 파송된 곳인지 헤아려 보는 노력이 필요합니다. 그렇지 않으면 절도요 강도로 취급되기 때문입니다(1절).

2) 자기 양의 이름을 알고, 각각 불러 인도하는 자가 선한 목자입니다(3절)

주님은 우리 만인의 이름을 다 아실 것입니다(마 10:30). 그러므로 주님은 만인의 목자로 손색이 없으십니다. 그리고 양의 이름을 알 뿐만 아니라 각각 불러 인도한다고 하셨습니다. 이는 당신의 양 된 신자를 한 무리로서가 아니라 일 대 일의 인격적인 관계로서 개개인의 영적 형편을 따라 보살핌을 의미하는 것으로 해석할 수 있습니다. 신앙 생활은 공동체적 삶입니다만 주님은 우리 신자들을 이렇게 집단이 아닌 일 대 일의 인격적 관계로 대해 주시고 보살펴 주십니다. 얼마나 다행스럽고 감사한 일입니까?

그렇기 때문에 주님의 양된 신자는 어떤 형편에 처하여 있든지 외롭거나 슬프지 않습니다. 세상 사람 날 몰라줘도, 온 교우들 날 몰라줘도 주님은 나를 알아 주시고 형편 따라 인도해 주시니 말입니다.

어떤 목회자의 사석에서 어떤 목사님 왈 "여행 중 열차 안에서 자기 교회 집사 한 분을 만났는데, 그 분이 가까이 와서 반갑게 인사를 하였으나 자기는 못알아 보았다."고 자랑삼아 말씀하셨다고 합니다. 글쎄요. 오늘 말씀에 비춰 볼 때, 그것이 자랑이 될 만한 일인지 생각해 볼 문제입니다. 주님처럼 개개인의 형편에 따라 보살피는 목회가 주님의 방법일진대, 주님같이 전지전능하지 못한 인간이라면 결코 교인의 많고 적음의 숫자가 목회 성패의 기준은 될 수 없는 것입니다.

3) 양들을 앞서가는 목자가 참 목자입니다(4절)

앞서간다는 것은 솔선수범과 신행일치(信行一致)를 의미하는 것입니다. 주님의 생애를 보면 정말 신행일치의 모범이셨고, 죽음이 닥쳐와도 양들을 앞서 가시는 주님이셨습니다(눅 19:28). 주님은 사랑을 교훈하셨을 뿐만 아니라 제자들의 발을 씻기심으로 친히 본을 보여 주셨고, 원수를 용서하라 하셨을 때는 주님이 친히 원수를 용서하심으로 실천하셨습니다. 아마도 주님의 권위는 이런 실천있는 가르침이었기 때문에 그 권위가 더했던 것 같습니다.

모두가 설교를 잘 하는 목사를 제일로 꼽습니다. 그러나 말씀 따로, 행동 따로라면 과연 양들이 신뢰하고 따라 줄까요? 물론 설교가 꼭 내가 실천할 수 있는 것만 하는 것이 설교는 아닙니다. 나의 생각과 삶과는 관계가 없어도 주님이 전하라 하시면 전하는 것이 설교입니다. 하지만 적어도 설교를 했으면 누구보다 자기가 전한 말씀은 자기가 먼저 실천함으로 본을 보이려는 노력은 해야 하지 않을까요?

4) 신령한 꼴을 장만하여 양들로 하여금 생명을 풍성케 하는 자가 참 목자입니다(9 – 10절)

꼴이란 말씀을 의미합니다. 아마 목회자의 으뜸가는 사역을 들라면 모두가 말씀의 꼴을 먹이는 설교라고 할 것입니다. 살아있는 동안은 우리 육신은 먹어야 계속 살 수 있듯이, 우리 영혼도 먹어야 삽니다. 그런데 우리 영혼의 양식은 빵이 아니라 하나님의 말씀입니다(마 4:4). 그러므로 목회자는 교인들에게 신령한 꼴을 먹이기 위하여 부단히 노력해야 합니다. 목자는 말씀을 맡은 자들입니다. '때를 따라 양식을 나눠주는 자가 충성되고 지혜있는 종'이라 하셨는데(마 24:45), 말씀에 때(시대성)가 결여되지 않도록 주의할 뿐만 아니라 그 귀한 말씀이 잠꼬대나 헛소리가 되지 않도록 즉 내 말이 아닌 주님의 말씀이 되도록 해야 하는 것입니다. 그렇게 되기 위해서는 "성령이 교회들에게 하시는 말씀"을 듣는 부단히 훈련을 해야 하며, 신자들이 들어서 은혜가 되고 영적으로 풍성한 생활이 되도록 말씀 준비에 전력해야 하는 것입니다.

특별히 타인의 설교를 읽고 참고하는 것은 가한 일이겠으나 그대로 표절하여 전하는 것은 삼가해야 할 줄 압니다. 왜냐하면 설교는 마치 어머니가 자식들의 건강 형편에 따라 영양가를 맞추고 또한 어머니로서의 정성과 사랑이 깃든 음식을 장만하는 것과도 같은 것인데, 아무리 훌륭한 목사의 설교라 할지라도 그것은 그 교회 교인들의 수준과 형편에 맞게 장만한 설교이지 우리 교회의 형편과 교인 수준을 위해 만든 설교는 아니기 때문입니다. 이는 게으른 어머니가 식사 때가 되자 이웃 식당에 가서 밥 한 그릇 사서 먹이는 것과 다를 바 없는 것입니다. 때로는 외식이 더 맛있을 수도 있겠지만 그 음식은 어머니의 정성과 사랑이 빠진 끼니거리일 뿐입니다. 천하보다 귀한 영혼의 양식을 공급하는 설교 시간을 목자의 정성과 사랑이 결여된, 끼니나 때우게 하는 시간으로 만들지 않도록 합시다. 게으른 목자가 되지 맙시다.

그래도 다행인지는 모르겠으나 설교의 표절에 대한 법률적 시비는 아직 없습니다. 그러나 법 이전에 양심으로 사는 것이 목회자가 아닙니까? 표절하여 전하는 비양심적인 목회자가 되지 않도록 합시다.

5) 양들을 위하여 희생하는 목자가 참 목자입니다
   (11 – 15절)

주님은 당신의 말씀대로 양들을 위하여 목숨까지 버리셨습니다. 목숨을 버리셨다면 더 이상 또 버릴 것이 어디 있겠습니까만 주님의 일생을 보면 주님의 삶이란 당신 것을 모두 남에게 주시는 헌신의 삶이었습니다. 수 많은 이적을 행하시고 병든 자를 고치셨으며, 사람들에게 좋은 일만 하신지라 그것에 대한 약간의 사례만 받았다 할지라도 아마 꽤나 부자 소리를 들을 수 있었을 것입니다. 그러나 주님의 생애는 아무것도 없으신 빈자의 삶이셨습니다. 빌려서 오셔서(눅 2:7), 빌려서 사시다가(마 8:20), 빌려서 가신(마 27:57 – 61) 철저한 무산자의 삶이었습니다.

왜일까요? 그것은 모든 것을 남에게 주셨기 때문입니다. 당신은 그 많은 능력을 가지고도 자신을 위해서는 하나도 사용하지 않으셨습니다. 배고픈 많은 사람들을 배불리 먹이시며, 병들고 아픈 많은 사람들을 치료하시고도 자신의 고통을 위해서는 한 푼의 능력도 사용하지 않으신 분이었습니다(마 21:18, 27:42). 세상에 어디 또 이런 분이 있을까요?

이것이 선한 목자되신 주님의 생애입니다. 이런 주님과 비교해 볼 때, 우리 목회자를 목자라 하지만 어림없는 말씀입니다. 목자라 하는 우리에겐 가진 것이 너무 많기 때문입니다. 집도 있고, 가재 도구도 많고, 가진 소유가 적지 않습니다. 목동이라 부르기에도 부끄러운 저희들입니다. 물론 주님은 우리와는 달리 처자식도 없으셨고, 당신 자신이 인간 세상에 오신 목적이

이 땅에 부귀영화를 위하여 오신 것도 아니기 때문에 가능하셨겠지만 그리고 당신의 삶을 우리에게 강요하신 것도 아니지만 그래도 목자의 길을 걷고 있는 모든 목회자들은 우리 주님의 걸어가신 발자취를 더듬으면서 주님의 이런 정신을 본받고, 만분의 일이라도 배우며 실천하는 노력이라도 해야 하지 않을까요? 가난해서가 아니라 부요함에도 불구하고 자신의 삶을 낮추어 가난하게 사는 삶, 이것이 바로 주님을 닮는 삶입니다 (18절).

그래도 아직까지는 목회자들의 부귀와 호화스런 삶보다는 청빈한 삶이 세인들에게 칭송과 존경이 되고 있음은 다행한 일입니다.

6) 우리 밖의 양을 우리 안으로 인도하는 자가 참 목자입니다(16절)

우리 밖의 양이란 정통적인 해석으로는 이방인 신자들을 의미하는 것이라 합니다만 어디 이방인 신자만 우리 밖의 양이겠습니까? 믿다가 낙심 중에 있는 신자도 그리고 더 넓은 의미에서는 주를 모르는 모든 인생이 아버지의 품을 떠난 우리 밖의 양인 것입니다(벧후 3:9). 그러므로 우리 밖의 양을 우리 안으로 인도하는 일이란 오늘날 우리에게 있어서는 전도입니다. 전도야말로 우리 밖의 양을 양우리로 인도하는 일입니다. 그러므로 목회자는 교회를 잘 다니는 신자들을 보살필 뿐만 아니라 낙심 중의 신자 그리고 주님의 세상에 살면서도 주님을 모르고 사는 불신자들을 열심히 전도해야 할 것입니다.

7) 모든 영광을 하나님께 돌릴 줄 아는 자가 참 목자입니다(요 17:1 – 5)

위의 항목은 요한복음 10장이 아닌 17장의 주님의 기도문 중의 일부분입니다만 빼놓을 수 없는 말씀이어서 인용한 것입니다. 요한복음 17장은 이제 십자가의 죽음을 앞에 놓고 사랑하는 제자들과 마지막 작별의 기도를 드리는 기도문인데, 주님은 이제까지도 하나님 아버지를 영화롭게 하는 삶을 사셨지만 당신의 죽음마저도 아버지를 영화롭게 하는 죽음이 되게 해달라고 기도하는 내용입니다. 그야말로 처음부터 마지막까지 자신을 위한 삶이 아닌 아버지를 영화롭게 하시는 삶이었습니다. 이 땅에 오신 목적도(요 6:39 – 40) 병든 자를 고치시며, 죽은 자를 살리심도(요 11:4), 십자가의 대속의 죽음도(요 17:1) 모두가 하나님의 영광을 위한 것이었습니다.

그렇다면 우리의 목양은 어떠해야 되겠습니까? 목회의 목적이 하나님의 영광을 위한 것이 되도록 노력해야 하지 않겠습니까?

다음은 모세가 우리에게 주는 교훈을 살펴보도록 합시다. 모세는 엄격히 구분한다면 목자가 아니라 정치 지도자입니다. 그러나 선민을 인도한 의미에서 특히 아말렉과의 전쟁에서 보여준 모세의 모습은 바로 오늘날 목회자들 모두가 본받아야 할 목자의 모습이라 생각됩니다.

이스라엘 백성들을 인도하여 가던 모세는 뜻밖의 적을 만나게 됩니다. 이는 다름아닌 아말렉 족속이었습니다. 모세는 조용히 그 지역을 통과하길 원했지만 하나님을 모르는 아말렉 족속들은 막무가내로 그들이 가는 것을 허용치 않았습니다. 그래서 불가피하게 전쟁을 치루게 됩니다. 그런데 희한한 일이 일어났습니다. 그것은 산 꼭대기에 선 모세가 하나님의 지팡이를 잡은 팔을 들면 이스라엘 백성이 이기고, 피곤하여 내리면 아말렉이 이기는 것이었습니다. 이를 옆에서 지켜 보고 있던 아론과 훌이 양 옆에서 부축하여 모세의 팔이 내려오지 않게 하자 이스라엘 백성이 계속하여 이기므로 결국 승리를 하게 된 것입니다. 참으로 신기한 일이었습니다(출 17:8-16).

   우리는 여기서 신앙 생활의 승리의 비밀을 깨달아야 합니다. 전쟁에서 싸우는 여호수아와 그의 군대, 이는 교인들의 표상이라 할 수 있습니다. 왜냐하면 신앙 생활이나 우리의 삶 자체가 생존 경쟁이라 일컬음처럼, 하나의 싸움이기 때문입니다. 그리고 하나님의 지팡이를 잡은 모세는 교역자의 표상 그리고 모세의 팔을 부축한 아론과 훌은 목회자의 협력자로 세움받은 장로의 표상으로 비유할 수 있습니다. 그렇다면 목회자는 어떻게 해야 하겠습니까? 모세처럼 하나님의 지팡이를 높이 올려야 합니다. 기도의 팔, 말씀의 팔, 축복의 팔을 말입니다. 피곤하고 힘드는 일이긴 하지만 그래야만 신자들이 생활 전선에서 승리를 할 수 있을 테니까 말입니다. 피곤해도 낙심말고 들고 있으면 "하늘은 스스로 돕는 자를 돕는다"고 돕는 아론과 훌을 붙여주지 않겠습니까?

장로 – 아론처럼, 훌처럼

앞선 항목에서 예를 들었습니다만 이스라엘과 아말렉의 전쟁은 신앙 생활의 그림자요 모세는 목회자의 표상 그리고 아론과 훌은 장로의 표상, 여호수아와 그의 군대는 집사와 교인들의 표상입니다. 아론과 훌이 왜 장로의 표상이겠습니까? 그것은 장로의 사명이 교역자에 대한 협력이기 때문입니다(헌법 항목 참조). 하나님께서 교회 안에 장로를 세우심은 주인으로 삼기 위함도 아니요 주의 종들을 감독하거나 견제함도 아닌, 순수히 협력하라고 세운 것입니다. 그러므로 장로님들이 그 많은 일 중 무엇보다 우선해서 할 일이 목회자들이 주의 일을 잘할 수 있도록 협력하는 일입니다. 기도로 협력하고, 물질로 협력하고, 말의 위로와 용기로 협력하고, 때로는 목회자의 방패가 되어 목회자에게로 가는 공격의 화살을 막아도 주고 …. 아론과 훌이 모세의 팔이 힘있고 위대해서 붙들어 주심이 아니라 모세의 팔이 힘이 없어 내려오기 때문이었던 것처럼, 장로님들이 교역자에게 협력해야 할 이유가 바로 여기에 있는 것입니다.

잘나고 훌륭해서가 아니라 어쩌면 못나고 부족하기 때문에 그 못난 점을 보충하고 붙들어 주라고 세웠음을 명심할 일입니다. 설령 목회자가 허물이 많고 부족하여 목회를 실패하고 있다면 그 목회자를 비판하거나 교체하기에 앞서서 장로님 자신이 '내가 잘못 보필했기 때문은 아닌지' 하고 먼저 자신을 살펴보는 지혜가 필요합니다.

그리고 설령 부족하고 못났더라도 권위를 침해하는 일은 절대로 하지 맙시다. 잘해도 그 분 책임, 못해도 그 분 책임, 세우신 주님 책임이지 장로님들의 책임은 아닌 것입니다. 힘없이 지팡이를 제대로 못들지라도 부축하여 잘들게 할지언정 지팡이를 빼앗지는 맙시다. 지팡이는 하나님이 모세에게 들려준 것으로서, 이는 하나님의 권위의 위임이요 권세의 상징입니다. 이는 신약 시대에 와서는 주의 종들에게 들려준 권위의 상징인 목회권이요 치리권이요 행정권입니다. 어떤 일이 있더라도 그리고 목자가 부족할지라도 이를 침해하는 일은 하지 않도록 특별히 삼가할 일입니다. 권위에 대한 도전이나 침해는 자칫하면 이를 주신 하나님께 대한 도전이 될 수도 있고, 결국은 자신에게 화를 자초할 수도 있기 때문입니다(출 16장).

또한 아론과 훌은 협력하는 의미에서 장로의 표상이기도 하지만 부교역자의 표상이기도 합니다. 왜냐하면 부교역자가 비록 그 직임은 목사라 할지라도 사역은 담임 목사를 협력하는 보조 사역이기 때문입니다. 그러므로 부교역자는 협력하는 부교역자로 사역하는 동안은 어떤 일이 있어도 담임 목사의 편에서 일해야 합니다. 담임 목사가 우하면 부교역자도 우하고, 담임 목사가 좌하면 부교역자도 좌하고. 설령 담임 목사가 콩을 팥이라 했을지라도 함께 팥이라 할 수 있어야 합니다. 왜냐하면 필연 그렇게 말을 했을 경우는 그만한 이유가 있기 때문이요 분명한 실수라 할지라도 이를 교인들에게 '아니라' 하거나 강단을 빌려 '반박 내지 수정'해 보려는 자세는 절대 금물입니다. 말씀드리기 어려울지라도 사석에서 예의를 갖추어 진의(眞意)를 물어 본다든가 또는 진언(進言)한다면 오히려 담임 목사도 고맙게 생각할 것입니다. 그리고 담임 목사와 목회 철학이 상이하더라도 사역하는 동안은 절대로 자기의 목회 철학이나 주관을 내세워도 아니되고, 담임 목사의 목회를 비판하거나 목회 계획에 반하는 사역을 해서는 더더욱 아니됩니다. 실력이 있어도 앞서려고도 말고 특히 경쟁적 관계를 가지거나 인기를 부려 내 사람을 만드는 일 따위는 부교역자가 피해야 할 제 일의 수칙입니다. 양된 교인들은 근본적으로는 주님의 양이지만 그들은 담임 목사에게 맡겨준 양이지 내 양은 아닌 것입니다. 그리고 일할 때도 조용히, 떠날 때도 조용히 해야 합니다. 이것이 부교역자가 지켜주어야 할 목회 윤리입니다. 부교역자로 있는 동안은 협력자임을 꼭 명심하여 봉사하여야 합니다.

그리고 비록 같은 목사라 할지라도 우리 예수님처럼 담임 목사와 동등하게 여겨질 것으로 생각하지 말고, 자기를 비우고 낮추는 겸양이 필요합니다.

"너희 안에 이 마음을 품으라 곧 그리스도 예수의 마음이니 그는 근본 하나님의 본체시나 하나님과 동등됨을 취할 것으로 여기지 아니하시고 오히려 자기를 비어 종의 형체를 가져 사람들과 같이 되었고 사람의 모양으로 나타나셨으매 자기를 낮추시고 죽기까지 복종하셨으니 곧 십자가에 죽으심이라" (빌 2:5-8)

집사 - 여호수아처럼, 갈렙처럼

모세를 장로의 표상이라 할 때 여호수아와 갈렙은 집사의 표상입니다. 왜냐하면 그들은 일을 잡은 집사처럼 일선에서 뛰는 자들이요 모세의 지도를 받을 뿐만 아니라 순종하는 자들이기 때문입니다. 이 두 분들은 애굽에서 나온 수 백만의 이스라엘 백성들 중 유일하게 약속의 땅 가나안까지 들어간 자들인데, 그 이유인즉 믿음과 순종이었습니다(민 14:6-10, 24). 그렇습니다. 집사는 글자 그대로 하나님의 일을 맡아 일선에서 뛰는 자들이요 감독자가 아닌 일꾼인 까닭에 순종하는 직분입니다. 그러므로 집사가 가져야 할 최선의 덕목은 믿음과 순종입니다.

그리고 이것은 모두가 하나님께서 가장 기뻐하시는 요소들입니다. 믿음이 없이는 하나님을 기쁘시게도 못할 뿐만 아니라(히 11:6) 죄가 된다고 하셨으며(롬 14:23) 또한 순종은 제사(예배)보다 나은 하나님께 드릴 최선의 것들이기 때문입니다.

그리고 결국은 그 믿음으로 말미암아 가나안 땅까지 들어가게 되는 축복을 받았고, 모세의 후계자가 되는 영광을 얻게 된 것입니다. 교회 안에서는 누구도 똑똑한 체해서는 아니될 일이지만 특별히 집사님들은 순종하는 직분인만큼 말없이 충성 봉사해야 합니다.

신기한 일은 사람들이 일을 하는 것을 보노라면 한결같이 일을 할 때는 입에 먼지라도 늘어갈까 싶어 마스크로 입을 봉합니다. 그러다가 누구와 말을 하게 되면 일하던 손은 뒷짐지고 마스크를 풀어 말을 합니다. 물론 이것이 인간의 자연스런 동작이긴 하지만 우리는 여기서도 영적인 의미를 깨달아야 합니다. 즉 일하는 자는 말이 없지만 말이 많은 사람은 대신 일하지 않는 자들입니다. 교회 일은 말로 하는 일이 아닙니다.

입은 설교, 찬송, 기도할 때만 열어도 족한 것입니다. 말없는 봉사, 그것만이 진정한 봉사요 일하고 상급받는 길입니다.

권사 - 여선지 안나처럼

누가복음 2장에 보면 예수님께서 유아 시절 예루살렘 성전에 결례(缺禮)를 행하시기 위하여 오셨을 때에 무수한 사람들이 아기 예수님을 보았습니다. 하지만 아기 예수를 메시야로 알아본 자들은 성령님의 감동을 받은 시므온 할아버지와 여선지 안나 단 두 사람뿐이었습니다. 그 중 안나 할머니는 인간적으로는 참으로 불행한 분이었습니다. 출가하여 남편과 7년을 살다가 사별하고 과부된 지 84년이라 하는데 어림잡아 110여 세는 족히 될 분입니다. 그런데 이 할머니는 하나님을 섬기되 주야에 금식하며 기도로 섬겼다고 하였습니다. 아마 신앙의 방법이 아닌 일반적인 세인의 삶이었다면 벌써 고독병이나 화병 또는 주야의 금식으로 인해서 벌써 죽었을 터인데, 이 할머니는 인간적 비애를 신앙으로 승화하여 오히려 생명이 연장되는 장수의 은혜를 받았던 것입니다. 주야로 금식하며 섬긴 안나 할머니, 영성이 활짝 열린지라 그를 성경의 저자는 선지자라고 이름하였습니다. 아마 주야로 엎드려 기도한 그 분의 무릎은 낙타의 무릎 바로 그것이었을 것입니다. 필자는 이분을 권사의 표상으로 삼고 싶습니다. 왜냐하면 교회도 부흥하려면 이런 기도자가 있어야 하고, 이는 그래도 신앙적 연조로 보나 시간적 여유로 보나 권사님들이 제격이라 생각하기 때문입니다.

사랑하는 권사님들이여!

남은 생애를 어떻게 보내시렵니까? 오늘 이 시대의 귀하가 몸담고 있는 교회에서 안나 할머니가 되어보시지 않으시렵니까? 교역자를 위하여 그리고 온 교우들을 위하여 또한 나라와 민족, 더 나아가선 세계 모든 민족이 예수 믿고 구원받게 말입니다.